길고 짧은 건
대 봐야 아는
법

이 도서의 국립중앙도서관 출판예정도서목록(CIP)은
서지정보유통지원시스템 홈페이지(http://seoji.nl.go.kr)와
국가자료공동목록시스템(http://www.nl.go.kr/kolisnet)에서 이용하실 수 있습니다.
(CIP제어번호: CIP2019000249)

청소년을
위한
인 문 학
콜 라 보

③

고대 그리스부터 현대 대한민국까지,
재판으로 보는 세계사

권재원 지음

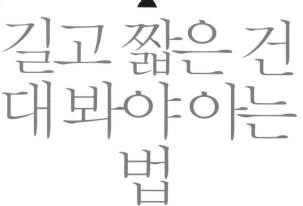

길고 짧은 건
대 봐야 아는
법

서유재

　이것은 재판에 대한 책이 아니다. 차례만 보면 전부 재판 이야기인데 무슨 소리냐 하겠지만, 이 책은 법리 논쟁이 아니라 사건 그 자체를 다룬다. 나는 법리를 세밀하게 다룰 수 있는 법률 전문가가 아니다. 내가 주목한 것은 재판에서 다룬 사건이 가지는 사회상, 시대상의 스케치다. 즉, 재판이라는 창문을 통해 그 시대의 자화상을 들여다보려는 것이다.

　이를 위해 고대에서부터 현대에 이르기까지, 그리고 동서양과 우리나라를 두루 다루다 보니 오늘날에는 재판이라고 부르기 애매한 사건들까지 다루게 되었다. 사실 원고와 피고가 다투고 법리와 법리가 부딪치는 재판은 '근대성'의 한 발현일 뿐이다. 근대 이전의 재판은 법리 논쟁이 아니라 가치 논쟁이었다. 그러다 보니 권력을 가진 사람이나 집단에 의해 남용될 위험이 있었지만, 반대로 답답한 법리를 넘어 보다 폭넓은 정의의 구현도 가능했다.

　그런 점에서 근대 이전의 재판은 정의, 즉 올바름에 대한 사회적인 논쟁의 장이기도 했고, 포악한 권력의 피비린내 나는 수단이기도 했다. 이 책에서는 근대 이전 재판의 이러한 두 얼굴을 모두 보여 주고자 했다.

책을 쓰기 시작한 지 벌써 10년째다. 정치·경제·사회·문화·예술을 두루 다루었지만 법과 관련된 책은 처음이다. 그런 만큼 미숙한 점도 있고, 다소간의 오류도 있을 것이다. 어떤 지적이라도 겸허히 받아들여 계속해서 수정해 나갈 것이다.

차례 머리말 · 4   글쓴이의 말 · 307   참고문헌 · 309

1장

고대 그리스
로마의 재판

'로마는 하루아침에 만들어지지 않았다'라는 널리 알려진 말이 있다. 거대한 로마제국도 작은 정복과 승리가 누적되면서 만들어진 것이라는 의미로 착각하기 쉽다. 하지만 이 말의 진정한 의미는 로마의 거대한 영토가 어떻게 만들어졌는지 설명하는 것이 아니다. 오히려 지중해 세계를 통일하고 서양 문명의 기원이 된 로마 문명의 힘을 설명하는 것이다. 그리고 로마 문명이 어느 날 갑자기 나타난 것이 아니라 고대 그리스 때부터 면면이 이어 온 전통 위에 있다는 것이다. 그중에서도 특히 민주정치와 공화주의가 중요하다. 재판 기록들만 살펴봐도 당시 그리스와 로마가 주변의 다른 민족, 나라들과 얼마나 달랐는지를 분명하게 보여 준다. 솔로몬 왕의 재판처럼 통치자의 임기응변과 슬기에 의존하는 재판도 아니며, '네 죄를 네가 알렷다' 식의 재판도 아니다. 피고인 혹은 변호인이 논리와 수사법을 동원하여 배심원들을 설득하는 방식의 재판, 즉 근대적인 재판이었다. 2,500년 전에 이런 식으로 재판을 진행한 나라나 민족은 없었다. 로마는 하루아침에 만들어진 것이 아니라 이런 전통이 이어지면서 이루어진 것이다. 그리고 우리가 알고 있는 근대적인 재판 역시 하루아침에 이루어진 것이 아니라 2,500년 전 고대 그리스 로마의 전통과 그 연장선상에서 만들어진 것이다.

보라,
악법의 결말을!

소크라테스 재판

다비드Jacques Louis David의 〈독배를 드는 소크라테스〉는 사회 교
과서나 도덕 교과서에 자주 수록되는 그림이다. 소크라테스Socrates
가 죽은 지 거의 2,000년 뒤 다비드가 플라톤Plato의 『파이돈
Phaidon』에 나오는 한 장면을 상상하여 그린 것이다.

『파이돈』에 따르면 사형선고를 받은 소크라테스는 동굴로 된 감
옥 안에서 여러 차례 탈출 기회를 얻었지만, 여기에 응하지 않고 끝
내 독배를 받아 마셨다. 숨을 거두기 직전까지 그는 영혼의 삶에 대
해 친구, 제자 들과 열띤 토론을 했다. 바로 이 그림이 묘사하는 장
면이다.

◆ 다비드, 〈독배를 드는 소크라테스〉(1787)

이 그림에 말풍선을 넣고 그 안에 들어갈 말을 한번 써 보라고
하면, 대부분 "영혼의 불멸성"과 같은 말이 아닌 "악법도 법이다"
라는 말을 채워 넣을 것이다. 이상하게 우리나라에서는 소크라테스
가 하지 않은 말들이 소크라테스의 대표적인 명언처럼 알려져 있다.
"너 자신을 알라"도 그렇고 "악법도 법이다"도 그렇다.

소크라테스가 독배를 들고 있는 이 장면을 상세하게 묘사한 『파
이돈』을 아무리 뒤져 보아도 '악법'에 대한 내용은커녕 '법'에 대한

내용도 나오지 않는다. 오히려 저 그림에 어울리는 대화를 재구성해 보면 대략 이렇다.

"선생님. 부디 목숨을 살피십시오."

"그렇다네. 마지막 기회야. 그 잔을 내려놓게."

"어허, 이 사람들아. 죽음이 뭐라고 그렇게 호들갑인가? 나는 죽음이 전혀 두렵지 않네."

"어째서 죽음이 두렵지 않단 말인가?"

"난 즐겁기까지 하네. 아직 가 보지 못한 곳, 경험하지 못한 것을 보고 느낄 수 있는 기회가 아닌가? 더구나 이 육체라는 번거로운 껍데기로부터 해방되어 영혼의 영원한 삶을 누릴 수 있는 기회가 아닌가? 무엇보다도 이미 세상을 떠난 고대의 여러 성현을 만나 뵐 수 있고, 나는 지금 몹시 설렌다네. 다만 걱정되는 것은……."

"말해 보게. 뭐가 걱정이 되는가?"

"닭 한 마리를 빚진 게 있는데, 그걸 갚지 못하고 가는구먼."

"걱정 말게. 내가 갚아 주겠네."

죽음을 앞둔 소크라테스에게 법과 재판은 이미 사유의 대상이 아니었다. 그는 죽음을 당연하게 받아들였으며 오히려 철학자답게 죽음을 탐구하고 성찰하기로 마음먹었다. 소크라테스는 자신을 찾아온 제자와 친구 들에게 죽음에 대하여 강의하고 함께 토론하며, 불멸하는 영혼의 삶을 받아들이도록 설득했다. 그래서 이 그림 속 인물들이 모두 슬퍼하지만 오직 한 사람, 소크라테스 본인에게는 슬픔의 기색이 전혀 없다. 위를 향해 뻗은 손은 조만간 이 지상을 떠나 천상의 영원한 삶을 누리겠다는 의지와 희망을 보여 준다. 여기에 "악법도 법이다"라는 말은 들어설 틈이 없다.

그렇다면 정말 소크라테스는 자신이 받은 사형 판결을 원망하는 마음이 전혀 없었을까? 독배를 받기 며칠 전의 대화를 기록한 『크리톤Kriton』을 보면 반드시 그런 것 같지는 않다. 부유한 친구인 크리톤은 간수를 매수하여 소크라테스가 탈출할 수 있도록 준비한 뒤, 그를 설득하러 감옥을 찾았다. 그때 오간 대화를 기록한 대화편이 바로 『크리톤』이다. 소크라테스가 "악법도 법이다"라는 말을 했다면 여기서 했을 것이다.

그런데 『크리톤』을 보면 탈출 계획이 너무 허술하다. 크리톤이 매수한 간수가 못 본 체하는 사이에 감옥을 빠져나와 미리 준비해 둔 배를 타고 아테네를 떠나자는 것이다. 이런 엉성한 탈출이 가능하다는 건, 아테네 사법 당국이 탈출을 사실상 묵인한 것이 아닐까 의심하게 만든다. 그런데 소크라테스는 마음만 먹으면 되는 이 쉬운 탈출을 거부했다. 당황하여 탈출을 종용하는 크리톤에게 소크라테스가 말했다.

"나 역시 내가 받은 판결이 억울하고 잘못되었다고 생각하여 원망하는 마음이 많았네. 그러나 저들이 나를 해코지했다고 나도 해코지로 앙갚음을 한다면 그게 올바른 일인가? 나는 그동안 늘 올바르게 살라고 말해 왔네. 또 나라에서 내린 판결들이 아무런 힘도 쓰지 못하고 개인이 멋대로 무효로 만든다면, 그러고도 나라가 전복되지 않을 수 있을까?"

아마 이 말이 "악법도 법이다"의 의미를 담고 있을 것이다. 개인이 멋대로 법을 무효화한다면 당연히 나라는 존속하지 못한다. 그러니 억울한 마음이 있더라도 일단 법에 의한 판결이라면 받아들여야 한다.

하지만 크리톤은 그 말을 받아들이지 못한다.

"만약 나라의 결정이 올바르지 못한 것이라면? 잘못된 판결이라면 어떻게 할 텐가?"

소크라테스는 여전히 고개를 가로저었다.

"그건 이미 내가 나라와 합의한 걸세."

"나라와 언제 합의했다는 건가?"

"우리 아테네는 시민이 다른 나라로 자유롭게 떠나는 것을 허용하고 있네. 그러니 아테네의 법이 마음에 들지 않는다면 나는 언제든지 자유롭게 다른 나라로 떠날 수가 있었네. 하지만 그러지 않았다는 것은 내가 아테네의 법체계에 합의했다는 뜻이며, 때로는 이렇게 잘못된 판결이 나올지라도 그걸 따르겠다고 합의한 것이네."

"오호, 자네도 판결이 잘못되었다고 인정하는구먼?"

"하지만 내 평생 아테네의 법 때문에 피해를 본 것은 이번이 처음일세. 나는 좋은 교육을 받았고, 자유를 누렸고, 그 밖에 이루 말할 수 없이 많은 혜택을 누렸네. 아테네 시민이라는 자격으로 말일세. 그래, 그 많은 권리와 자유를 누리고 있을 때는 그걸 두말없이 다 받다가 막상 나한테 좋지 않은 판결이 나오면 한순간에 법을 부정한다? 만약 모든 시민이 그리한다고 생각해 보세. 그러고도 나라가 유지되겠는가?"

그러니까 소크라테스가 한 말은 "악법도 법이니까 지켜야 한다"가 아니라 "아테네 법은 훌륭한데, 그 혜택은 누리면서 나한테 불리한 결과가 나왔다고 하여 어길 수는 없다"였다. 이 둘은 상당히 다르다.

그렇다면 소크라테스는 왜 목숨을 잃게 되었음에도 아테네의 법을 훌륭한 법이라고 생각했을까? 그걸 알아보려면 소크라테스가 받은 재판 속으로 좀 더 깊숙이 들어가 보아야 한다. 이 재판 과정 역시 플라톤이 쓴 『소크라테스의 변론_Apologia Sōkratous_』이라는 대화편에 수록되어 있다.

소크라테스의 재판은 멜레토스, 아니토스, 그리고 리콘의 고발로 이루어졌다. 소크라테스가 젊은이들을 타락시키고 무신론을 퍼뜨린다는 것이 고발 사유였다. 중세처럼 마녀사냥이 횡행하던 시절은 아니었지만 어쨌든 무신론을 퍼뜨린다는 것은 당시로서는 상당히 심각한 혐의였다.

하지만 이는 표면적인 이유였고, 실제로는 훨씬 더 복잡한 이유가 섞여 있었다. 정리해 보면 이렇다.

❶ 소크라테스는 여러 명망가, 정치가를 찾아다니면서 계속 질문을 해서 그들의 밑천이 드러나게 만들었다. 그렇게 자신의 허울뿐인 명성이 폭로된 사람들은 소크라테스를 미워하게 되었으며, 아테네에서 명성과 힘을 가진 사람들은 어떻게든 이 귀찮은 소크라테스를 쫓아내야 했다. 실제로 또 다른 대화편 『메논Menon』에서는 소크라테스가 당시 유명한 정치가들이 사실은 훌륭한 사람의 모범이 될 수 없음을 논증하자, 격분한 아니토스가 "당신 이러다 큰일날 수 있으니 조심하시오"라고 장차 재판에 걸어 넣겠음을 암시하는 대목이 나온다. 그리고 실제로 아니토스는 그렇게 했다.

❷ 소크라테스를 따르던 젊은이들 중 알키비아데스라는 인물이 있었다. 그는 매력 넘치는 정치가이긴 했지만, 불행히도 아테네를 여러 차례 혼란에 빠뜨렸다. 소크라테스가 어째서 그를 총애했는지는 알 수 없으나, 어쨌든 알키비아데스가 권력을 상실하고 아테네에서 추방당한 순간 소크라테스의 운명도 암울해질 수밖

에 없었다. 그럼에도 소크라테스는 웅크리는 대신 변함없이 사람들을 논박하고 다녔다.

❸ 소크라테스는 친스파르타 인사라는 의심을 받고 있었다. 당시 아테네는 펠로폰네소스전쟁에서 스파르타에 패하여 큰 곤욕을 치른 다음이었다. 스파르타의 앞잡이였던 '30인 참주정권'을 무너뜨리고 민주정치를 회복했지만, 여전히 친스파르타 인사에 대한 의심의 눈초리는 매서웠다. 그런데 소크라테스는 무차별적인 다수결보다는 지혜로운 사람의 판단이 더 옳다고 주장하면서 다수가 선출한 정치인들이 사실은 무지한 사람들임을 폭로하고 다녔다. 이는 그가 아테네식 민주정치보다 스파르타식 과두정치를 선호한다는 의심을 살 수 있는 언행이었다.

고발된 이유는 사소한 것이었지만, 재판은 생각보다 훨씬 깐깐하게 진행되었다. 소크라테스 역시 이 재판을 심각하게 받아들였다. 철학의 본질적인 성격인 '비판'의 입에 법을 이용하여 재갈을 물리려는 시도로 받아들였던 것이다.

재판은 유무죄를 가리는 1차 재판과 형량을 정하는 2차 재판으로 진행되었다.

아테네의 재판은 직접민주주의의 정수를 보여 준다. 아테네인들은 시민이라면 누구나 검사와 판사가 될 수 있다고 믿었기 때문에 별도의 전문 검사와 판사를 두지 않았다. 그래서 누구나 고소장을 작성하면 기소할 수 있었고, 판결은 각 재판부마다 600명으로 이루어진 배심원단이 다수결로 정했다. 재판부는 모두 10개로 6,000명의 배심원단이 법관의 역할을 했는데 이 6,000명도 별도의 선출 절차를 두지 않고 추첨으로 정했다.

재판은 다음과 같은 순서로 진행되었다.

❶ 고소인 연설: 고소인이 재판을 건 이유와 원하는 조치를 주장한다.

❷ 피고소인 연설: 피고소인이 자신의 결백함을 주장한다.

❸ 배심원단 회의: 고소인과 피고소인의 주장들에 대해 검토하고 토론한다.

❹ 배심원단 투표: 유무죄 여부를 가리고 형량을 정한다. 유죄와 무죄가 동수로 나올 경우에는 무죄 처리한다.

보다시피 2,500년 전이라는 것이 믿어지지 않을 정도로 굉장히 민주적인 재판제도다. 하지만 문제가 없는 것은 아니었다. 법률 전문가가 아닌 일반 시민들로 이루어진 배심원들의 다수결로 판결이 내려졌기 때문에 합리적이고 논리적인 설득보다는 선동과 감언이설로 배심원들의 마음을 사려는 시도가 횡행했다. 소크라테스는 이런 재판제도가 올바르지 않다고 생각했다. 사실 소크라테스는 전문가가 아닌 대중의 의견으로 결정된 것이라면 무엇이든 싫어했다.

소크라테스는 이를 환자에 빗대 크리톤에게 말했다.

"만약 자네가 몸이 아프다면 여러 사람이 옳다고 생각하는 바에 따라 처치할 텐가, 아니면 의사가 말하는 바를 따를 텐가?"

"그야 당연히 의사 말을 따르지."

"그렇다면 나랏일에 대해서는 다수의 의견을 따라야 하겠는가, 아니면 가장 현명한 사람의 말을 따라야 하겠는가? 한 사람의 몸에 대해서도 전문가의 말이 중요한데, 하물며 수많은 사람에 대한 일이네. 다시 한 번 바꿔 묻겠네. 무지한 다수의 의견과 탁월한 한 사람의 의견 중 어느 쪽 말을 듣는 것이 옳은가?"

"그거야 탁월한 한 사람의 의견을 들어야 하겠지."

어리석은 다수보다 소수일지라도 현명한 견해. 이것이 소크라테스가 평생토록 추구했던 주제였다. 그런 소크라테스이다 보니 무작위로 선출된 일반 시민들이 다수결로 판결을 내리는 아테네의 재판을 달갑지 않게 여긴 것은 당연하다.

실제로 당시 재판에서는 논리와 증거를 제시하기보다는 배심원들의 환심을 사는 방법이 널리 사용되었다. 형사 재판에서 무죄를 받는 가장 쉬운 방법은 무죄라는 증거를 제시하는 것이 아니라 배심원들의 동정심에 호소하는 것이었다. 예를 들어 돌봐 줄 이가 없는 늙은 어머니가 있다며 읍소하면 유죄라는 증거가 명백해도 동정심을 느낀 배심원들이 무죄에 투표할 수 있다. 그렇게 과반의 무죄표를 얻으면 그걸로 재판은 끝이었다. 소크라테스도 이런 방법을 잘 알고 있었지만 쓰지 않았다.

사형 판결을 받은 뒤 소크라테스는 이렇게 말했다.

"여러분은 제가 여러분을 설득할 말주변이 부족해서 유죄 판결을 받았다고 생각하겠죠? 하지만 말주변이 부족해서가 아니라 뻔뻔스러움과 몰염치가 부족해서, 여러분이 듣기에 가장 좋을 것들을 말하지 않아서 유죄를 받은 것입니다. 통곡하며 탄식한다거나 그 밖에 저답지 않은 여러 가지 짓거리와 말을 할 열의가 부족해서입니다. 이런 것들이야말로 여러분이 다른 사람들한테 듣는 데 익숙해져 있는 것들이지만 말입니다."

한마디로 '나는 대중에게 아부하지 않았다. 그럴 생각도 없었다'이며, 더 나아가서 '나는 원한다면 얼마든지 당신들 심금을 울려서 무죄를 받아낼 수 있었다. 하지만 다수결로 내리는 판결이 얼마나 어리석은 결과를 가져올 수 있는지 알기에, 무죄 판결을 받는 방법을 알고 있음에도 그 방법을 사용하지 않았다'라고 말한 셈이다.

사실 사형 판결은 소크라테스를 고발한 당사자들에게도 당황스러운 결과였다. 그들은 사형까지는 생각하지 않았다. 그저 소크라테스를 아테네 밖으로 쫓아내거나 상대를 가리지 않고 비판하는 그의 철학적 입을 막는 것이 목적이었다. 그들의 메시지는 이렇게 정리된다.

"떠들 것이면 아테네 밖으로 나가서 떠들고, 여기 머물 것이면 입을 다물라. 그렇지 않으면 죽음이다."

이때 방점은 '죽음'에 있지 않았다. '입을 다물라' 혹은 '아테네를 떠나라'에 찍혀 있었다.

하지만 소크라테스는 그 재판의 의도를 이미 파악하고 있었다. 입을 다물라는 것은 철학자로서 받아들일 수 없는 일이었다. 그래서 소크라테스는 재판에서 주어진 변론 시간 동안 자신의 무죄를 호소하는 대신 그동안 하고 싶었던 말을 원 없이 대중 앞에서 할 수 있는 기회로 활용했다. 오히려 그것을 즐기기까지 했다. 그전에는 이름났다는 사람을 찾아가서 대화를 시도했었는데, 이제는 수백, 수천 명의 대중 앞에서 말할 수 있게 되었으니 말이다.

이로써 소크라테스를 고발한 인물들의 의도는 시작부터 엉키고 말았다. 재판에서 사형을 판결할 때도 추방과 사형이라는 선택지를 주기 위해, 즉 추방 쪽으로 유도하기 위한 목적이었지 정말 그의 목숨을 끊을 생각은 아니었다. 그래서 재판부는 소크라테스에게 벌금을 내면 사형을 면제하고, 대신 아테네 밖으로 추방하는 것으로 마무리하겠다는 대안을 제시했다. 심지어 벌금을 얼마나 낼 것인지 소크라테스가 직접 제안하게 했다.

말하자면 피고를 상대로 형량을 협상한 셈인데, 이는 오늘날의 관점에서도 지나치게 관대하다. 그만큼 당시 아테네의 법은 '악법'과는 거리가 멀었다.

그런데 막상 소크라테스가 자신이 낼 벌금을 발표하자 배심원들이 분노에 차서 술렁거렸다. 소크라테스가 엄청나게 적은 돈을 벌금으로 내겠다고 한 것이다. 아마 배심원들 귀에는 이렇게 들렸을 것이다.

"목숨이 아까워서 내가 저지른 죄보다 더 큰 벌금을 낼 수는 없소. 내 잘못이 아주 없다고는 할 수 없지만 기껏해야 경범죄인즉, 이 정도 벌금만 내겠소."

자비를 베풀었더니 약을 올린 격이 아닌가? 하지만 소크라테스는 태연하게 말했다.

"아시다시피 나는 늙고 가난한 철학자요. 돈도 별로 없거니와, 어차피 남은 목숨도 얼마 되지 않소. 그러니 내 목숨값으로 내놓을 돈은 이 정도뿐이오."

소크라테스의 부유한 친구와 제자 들(플라톤만 해도 상당한 부자였다)이 다급하게 나섰다.

"돈이 모자라서 그러는 거라면 내가 대신 내줌세."

"선생님, 돈이라면 얼마든지 드릴 테니 제발 넉넉한 액수를 쓰세요."

모두 벌금을 충분히 내주겠다고 간청했지만, 소크라테스는 딱 잘라 거절했다. 이러한 행동은 배심원들에게 "오냐, 어서 나를 죽여라" 하고 시위하는 것처럼 보였을 것이다. 배심원들은 일종의 괘씸 죄까지 적용해서 사형을 평결했다.

여기까지의 재판 과정을 보면 아테네의 법이 악법이라는 근거를 찾기란 참으로 쉽지 않다. 대부분의 나라에서는 전제 군주의 말한마디에 수십 명의 목이 달아나던 시대였다. 그런데 아테네는 이런 재판 절차를 운영하고, 시민들이 판결하고, 피고소인은 최대한 자신을 방어할 수 있었다. 이것만으로도 놀라운 일이다.

물론 소크라테스에게는 어리석은 군중의 다수결로 판결하는 재판이 올바르지 않게 느껴졌을 수 있다. 그래서 정말 아테네의 법이 악법이라고 생각했을 수도 있다. 그런데도 소크라테스가 독배를 든 까닭은 그가 준법정신에 충만해 악법이라도 지키고자 해서가 아니라, 악법이 얼마나 어처구니없는 결과(힘없고, 죄 없는 늙은 철학자를 기어코 죽게 만드는)를 가져오는지 보여 주기 위해 스스로를 제단에 던진 것이다.

그러니 "악법도 법이다"가 아니라 "보라, 악법의 결말을!"인 셈이다.

훗날, 소크라테스의 후계자라 할 수 있는 아리스토텔레스도 재판에 회부되어 사형당할 위기에 처한 적이 있다. 그런데 아리스토텔레스는 독배를 받는 대신 탈출하는 쪽을 선택했다.

"아테네가 철학에 두 번 죄 짓는 일을 막아야 한다"라는 그럴듯한 말을 남기고서.

플라톤과 그의 저작들

플라톤의 저작은 서로 대화를 주고받는 형식으로 쓰여졌다. 대부분의 저서에서 스승 소크라테스가 주인공으로 등장하여 토론하는 형식을 취하다 보니 소크라테스의 사상을 옮긴 것인지 플라톤 자신의 사상을 소크라테스라는 등장인물의 입을 빌려 표현한 것인지 구별하기 쉽지 않다.

대체로 소크라테스의 재판 전후 사정을 다룬 『프로타고라스Protagoras』, 『고르기아스Gorgias』, 『소크라테스의 변명』, 『크리톤』 등의 초기 대화편에는 소크라테스가 단지 등장인물이 아니라 실제 자기 사상을 말하고 있다고 보며, 플라톤의 대표작들인 『메논』, 『파이돈』, 『국가Politeia』, 『향연Symposion』 등 중기 이후 대화편은 플라톤 고유의 사상이 드러난 작품들로 본다. 이 네 작품은 플라톤 사상의 핵심이 드러난 것들로 그의 대표작들이자 인류의 중요한 유산이다.

참고로 작품들이 많이 유실되기 마련인 고대 사상가들 중에 플라톤은 거의 유일하게 모든 작품이 전해지고 있다. 오히려 이 중 위작을 가려내야 한다는 논란마저 있을 정도다.

탄핵으로 흥한 자
탄핵으로 망하다

테미스토클레스의 추방

2017년 3월, 우리나라는 브라질에 이어 세계에서 두 번째로 탄핵심판을 통해 현직 대통령을 파면한 나라가 됐다. 미국의 닉슨 대통령은 탄핵이 확실시되는 상황에서 명예를 위해 스스로 퇴진했고(1974년), 미국의 클린턴 대통령 역시 탄핵까지 갔으나 부결되어 간신히 직을 지켰다(1999년).

나라의 최고 통치자를 법에 의해 퇴진시킬 수 있는 탄핵은 권력이 한 사람에게 집중된 전제 군주정이나 소수에게 집중된 과두정, 귀족정에서는 찾아보기 어려운 민주정치의 중요한 장치다. 그리고 민주정치의 발상지인 고대 아테네 역시 탄핵제도에 해당하는 제도

◈ **위험인물의 이름을 써 넣은 도자기 조각.** 독재자가 될 가능성이 큰 인물을 시민들의 투표로 추방하는 제도인 고대 그리스의 도편 추방제는 오늘날 주민소환제의 기원이라 할 수 있다.

가 있었다. 심지어 오늘날의 탄핵심판보다 훨씬 엄격하고 강력했다.

바로 '도편 추방陶片追放, ostrakismos'이다. 도편 추방은 독재자가 될 가능성이 큰 인물을 시민들의 투표로 추방하는 제도다. 오늘날의 탄핵이 이미 과오를 저지른 통치자에게 그 책임을 물어 파면시키는 것이라면, 도편 추방은 과거에 저지른 잘못뿐 아니라 미래에 저지를 것으로 예상되는 과오까지 책임을 묻는 것이다. 독재자라서가 아니라 독재자가 될 가능성이 있다는 이유만으로도 탄핵되는 셈이다.

게다가 파면으로 끝나는 것이 아니었다. 아예 나라 밖으로 추방되었다. 그나마 다행인 것은 추방 기간이 10년으로 정해져 있고, 국가에 위급한 사태가 닥치면 복권되기도 했다는 것이다. 그러니 요즘식으로 말하자면 '탄핵+징역 10년'에 해당하는 셈이다. 독재자라서가 아니라 독재자가 될 가능성만으로도 말이다.

게다가 도편 추방은 오늘날의 탄핵보다 적용 대상도 훨씬 광범위했다. 오늘날에는 대통령, 총리, 대법관 등 고위 관직에 있는 사람만을 대상으로 하지만, 고대 아테네의 도편 추방은 현직 관료는 물론, 전직 관료와 고위 관직에 진출할 가능성이 있는 시민까지 그 대상이었다. 게다가 변론도 허용되지 않았으며, 항소도 할 수 없었다. 일단 결정되면 무조건 나라 밖으로 나가야 했다.

도편 추방은 이렇게 진행되었다.

❶ 도편 추방 실시 여부를 결정한다. 도편 추방은 해마다 한 번씩 실시하는 것을 원칙으로 하지만, 1월에 개최된 민회에서 하지 않기로 결정하면 그해는 건너뛸 수도 있다.

❷ 1월과 2월은 일종의 선거운동 기간이다. 이 2개월 동안 여론이 어떻게 형성되는지가 중요하다. 만약 누군가를 몰아내고 싶은 생각이 있다면 이 기간에 최대한 여론을 끌어모아야 한다.

❸ 투표를 실시한다. 보통 투표는 2월 말이나 3월 초에 실시한다. 투

표일이 되면 시민들은 '독재자, 혹은 독재자로 발전할 위험이 있는 인물'의 이름을 도자기 조각에 적어서 제출한다. 오늘날의 투표와 달리 도편 추방에는 미리 정해진 후보자가 없다. 아테네 시민 중 누구의 이름이라도 쓸 수 있다.

이론적으로는 모든 시민이 한 표씩 얻을 수도 있는 제도다. 이렇게 미리 후보를 정해 두지 않고 투표를 했는데도 많은 표가 나왔다면 그 인물은 매우 위험한 인물이거나 인심을 크게 잃은 인물이라고 봐야 할 것이다. 그렇다면 '많은 표'는 어느 정도일까? 그 기준은 정확히 알려져 있지 않다. 하지만 당시 아테네의 투표권 보유 시민이 3만 명 정도인 것으로 보아 적어도 6,000표 정도는 아니었을까 하는 가설이 유력하다. 아무 이름이나 쓰는 투표에서 20퍼센트를 득표했다면 이건 가볍게 볼 일이 아니다.

모든 제도가 그렇듯이 이 제도 역시 부작용이 있었다. 정치적 야심을 가진 사람이 자신의 경쟁자를 독재자로 몰아 제거하는 방법으로 남용되기도 했다. 도편 추방을 결정한 날로부터 투표가 실시될 날까지 두 달 동안 부지런히 경쟁자에 대한 나쁜 이야기를 퍼뜨려서 6,000표를 끌어모을 수 있다면 그를 나라 밖으로 쫓아낼 수 있다. 적어도 10년간 경쟁하지 않아도 되는 것이다. 당시 기대 수명은 40세를 조금 넘긴 정도였다. 이렇게 짧은 인생에서 10년이란 추방

기간은 치명적이다.

　그러니 자신의 정치력에 자신감이 있는 사람, 그래서 6,000명의 지지자를 쉽게 확보할 수 있는 사람이라면 경쟁자를 정치계에서 추방하는 방법으로 도편 추방을 활용하고 싶은 유혹에 빠지기 쉽다. 물론 경쟁자를 이런 방법으로 추방하면 추방당한 경쟁자가 속한 당파에서 똑같은 방법으로 복수할 위험이 있기 때문에 흔히 있는 일은 아니었다.

　그러나 이런 위험 따위는 신경 쓰지 않는, 야심만만하고 자신감에 가득 차 있으며, 권모술수도 마다하지 않는 정치가가 있었다. 바로 테미스토클레스Themistocles다.

　테미스토클레스는 어릴 때부터 정치가의 꿈을 키우는 등 남다른 소년이었다고 한다. 아테네는 직접민주정치가 이루어지는 나라였기 때문에 이런 꿈을 꾸는 것이 가능했다. 만약 같은 시대 다른 나라에서 왕이 아닌 사람이 권력에 대한 꿈을 꾸었다면, 왕의 아들이라 할지라도 반역자로 몰려 처형당했을 것이다.

　하지만 아테네는 전혀 다른 나라였다. 어떤 면에서 정치가는 요즘의 연예인과 비슷했다. 시민들의 인기를 끌어 많은 표를 얻으면 높은 관직에 오를 수 있고, 자기 뜻을 국정에 반영시킬 수도 있었다. 하지만 일단 인기가 떨어지면 권력은 먼지처럼 사라졌다. 그러나 한번 인기를 먹고살아 본 사람은 그걸 포기하기가 쉽지 않다.

테미스토클레스의 아버지는 바로 이런 점을 지적하며 아들이 정치가가 되는 것을 말리려 했다. 일설에 의하면 그의 아버지는 바닷가에 버려진 난파선을 가리키며 이렇게 말했다고 한다.

"자, 봐라. 저 배는 한때 많은 사람이 아끼고 사랑하며 타고 다녔던 배다. 하지만 지금은 아무도 돌아보지 않은 채 저렇게 파도를 맞으며 부서지고 있다. 정치가란 바로 저런 존재다. 일단 민중에게 버림받으면 저 난파선과 같은 꼴이 된다."

하지만 젊은 테미스토클레스는 아버지의 충고를 듣지 않았다. 자신이 충분히 민중의 변덕을 지배할 수 있다고 믿었다.

'민중의 변덕은 엊그제까지 영웅으로 받들던 인물을 하루아침에 추방할 수 있다. 하지만 나는 예외일 것이다.'

테미스토클레스가 버려진 난파선에서 본 것은 자신의 미래가 아니라 출세하기 위해 제거해야 할 경쟁자들의 모습이었는지도 모른다. 그는 도편 추방을 이용하여 경쟁자들을 저 난파선 같은 신세로 만들어 버릴 의지도 있었고, 방법도 잘 알고 있었다.

테미스토클레스는 매우 젊은 나이에 정계에 진출했고, 빠르게 출세가도를 달렸다. 그는 탁월한 군사적 능력과 대중을 사로잡는 뛰어난 연설 솜씨로 아테네 시민들 사이에서 매우 인기가 높았지만, 정계 선배들이나 원로들 사이에서는 평판이 매우 나빴다. 그 이유는 정확하게 기록되어 있지 않지만, 당시 아테네의 원로 정치가

들은 이렇게 말했다.

"테미스토클레스는 거만한 인물이다."

"테미스토클레스는 독선적인 인물이다. 자기밖에 모른다. 자기 생각이 무조건 옳다고 믿는다."

그런데 선배 정치가들이나 원로들에게도 평판이 좋았던 정치가가 있었다. 나이도 테미스토클레스와 비슷했는데, 바로 아리스티데스Aristeides였다. 아리스티데스는 여러모로 테미스토클레스와 대비되는 인물이었다.

테미스토클레스는 세력을 가진 사람이나 유명한 사람에게 적대적인 경향이 강했지만, 아리스티데스는 공손하고 온화하게 처신했다. 테미스토클레스는 유명 인사나 권력자 들을 꺾은 유능한 인물로 명성을 얻은 만큼 적도 많이 만들었지만, 아리스티데스는 성실하고 인덕이 있다는 평을 들었다.

테미스토클레스가 권력을 잡는 방식, 그리고 그 권력으로 이루고자 하는 방향은 이런 것들이었다.

❶ 대중을 선동해 여러 가지 제도를 개혁하자고 외치게 한다.

❷ 여론이 형성되면 개혁안을 쏟아내고 순식간에 표결에 붙여 당장 시행할 수 있게 한다.

❸ 아테네의 미래는 바다에 있다. 땅에 국경선을 긋는 일 따위는 무

의미하다. 바다로 나가서 지중해를 지배하자.

반면 차분한 아리스티데스는 이러했다.

❶ 전통적이고 안전한 방식을 고수한다.
❷ 아테네는 농업을 중심으로 하는, 전통적인 영토 기반 국가를 고수
해야 한다.

이렇게 비교하면 마치 테미스토클레스는 열정적인 인물, 아리
스티데스는 얌전한 샌님처럼 보인다. 하지만 아리스티데스는 결코
샌님이 아니었다. 필요할 때는 활화산 같은 용기와 열정을 보여 주
는 인물이기도 했다. 특히 아리스티데스는 테미스토클레스 못지않
은, 혹은 그 이상의 군사적 능력을 갖춘 인물이었다. 아테네가 강대
한 페르시아제국의 침입을 물리친, 그 유명한 마라톤전투의 지휘관
이 바로 아리스티데스였다.

아리스티데스는 그야말로 완벽한 인물이었다. 침착하고, 차분하
고, 전통을 중시하고, 겸손한 전쟁 영웅이라니 얼마나 매력적이겠
는가? 당연히 그는 남녀노소 신분고하를 가리지 않고 평판이 좋았
다. 머잖아 아리스티데스가 집정관에 선출될 것임을 의심하는 사람
은 거의 없었다.

테미스토클레스는 초조했다. 빨리 명성을 얻고 선거에서 많은 표를 확보해 집정관 자리에 올라가고 싶은데, 그러자면 저 아리스티데스라는 벽을 넘어야 하는 것이다. 초조해진 테미스토클레스는 강력한 경쟁자를 제거하기 위해 도편 추방을 이용하기로 작정했다. 사실 당선되는 것보다 경쟁자를 탄핵하는 게 더 쉬웠다. 당선되기 위해서는 과반수 즉 1만 5,000표 이상을 득표해야 하지만, 누군가를 탄핵시키기 위해서는 그 절반도 안 되는 6,000표만 확보하면 되었기 때문이다. 테미스토클레스의 영향력으로 충분히 할 수 있는 일이다.

그리하여 그는 자신의 인기와 세력을 이용해 사람들에게 도편 추방 투표에서 아리스티데스의 이름을 쓰라고 부추겼다. 이 선동이 얼마나 성공적이었는지 보여 주는 일화가 있다.

아리스티데스는 많은 사람이 그의 이름을 쓸 것이라는 사실을 까맣게 모른 채 도편 추방 투표장으로 가고 있었다. 이때 글을 잘 모르는 가난한 시민이 와서 도자기에 이름 쓰는 것을 도와달라고 부탁했다.

"누구의 이름을 쓰고자 하십니까?"

여느 때와 같이 아리스티데스가 겸손하게 물어보았다. 그러자 가난한 시민이 대답했다.

"아리스티데스입니다."

아리스티데스는 뜻밖에도 자기 이름이 나오자 깜짝 놀랐지만 내색하지 않고 침착하게 물었다.

"그 사람을 아십니까?"

"전혀 모르는 사람입니다."

"그런데 왜 그 사람을 추방해야 한다고 하십니까? 대체 아리스티데스란 자는 무슨 잘못을 저질렀습니까?"

그러자 문맹 시민이 대답했다.

"얼굴도 본 적 없는 사람인데, 내가 그 사람이 무슨 잘못을 했는지 어찌 알겠습니까?"

"아니, 무슨 잘못을 했는지도 모르면서 추방하자고 하시는 겁니까?"

"그 사람 이름은 정말 많이 들어봤습니다. 어딜 가나 사람들이 그 이름을 말하니까요. 다들 그 사람이 올바르고 곧은 사람이라고 칭찬들을 합디다. 난 그게 듣기 싫고, 짜증이 났습니다. 어딜 가나 그 사람 칭찬이 들리니 짜증이 안 나겠습니까?"

"아, 그렇습니까?"

아리스티데스는 더 할 말이 없었다. 어차피 상대는 문맹이기 때문에 거기에 아무 이름이나, 심지어 테미스토클레스라고 써도 몰랐을 것이다. 하지만 그는 성실하고 굳센 성품의 소유자이기 때문에 또박또박 정확하게 자신의 이름을 써 주었다. 문맹자까지도 이렇게 나설 정도니, 이미 엄청나게 공작이 진행되었음을 직감했을 것이다.

과연 투표가 끝나고 뚜껑을 열자 아리스티데스의 이름이 무수히 쏟아져 나왔다. 변론의 기회도 없고, 항소도 할 수 없는 도편 추방이다. 당장 아테네에서 추방되는 길 외에는 없었다. 이렇게 마라톤전투의 영웅이자 공명정대한 인물로 존경받던 정치가 아리스티데스가 하루아침에 '민주주의의 적'으로 규정되어 공직을 박탈당하고 아테네에서 추방당했다. 2,500년 전에 있었던 그야말로 최초의 탄핵이다. 헌법재판소 판결도 아닌 직접 투표에 의한 탄핵이니 오늘날 우리나라나 미국의 탄핵보다도 훨씬 직접적인 탄핵이라고 할 수 있다.

하지만 아리스티데스의 추방은 그리 오래가지 않았다. 페르시아가 엄청난 대군을 몰고 다시 아테네를 침략했기 때문이다. 아테네는 물론 그리스 전체의 최고사령관이 된 테미스토클레스는 지체 없이 국가 위기 상황을 선포했다. 그리고 통 크게 아리스티데스 추방령을 해제하고, 심지어 부사령관으로 임명했다. 정치적인 앙숙이라 할지라도 나라가 위기에 처한 상황에서 유능한 장군을 추방 상태로 둘 수 없었던 것이다. 아리스티데스 역시 아무런 뒤끝 없이 테미스토클레스의 참모로서 충실하게 그를 보좌했다.

이 싸움에서 테미스토클레스는 기적이라는 말로도 설명이 다되지 않을 것 같은 위대한 승리를 거두었다. 360여 척의 그리스 연합함대를 지휘해 두 배가 넘는 800여 척의 페르시아 함대를 격파한 것이다. 페르시아전쟁을 사실상 종결지어 버린 살라미스해전이 바로 그것이다.

이로써 테미스토클레스는 아테네뿐 아니라 그리스 전체의 구세주로 엄청난 칭송을 받게 되었다. 당시 테미스토클레스가 얼마나 큰 인기를 끌었냐 하면, 올림픽 경기가 한창일 때 테미스토클레스가 관람석에 들어오자 수만 명의 관중이 모두 관중석에 앉아 있는 테미스토클레스만 쳐다볼 정도였다고 한다. 아마 이 무렵이 공명심 강한 테미스토클레스의 인생에서 가장 찬란했던 순간일 것이다.

이미 최고의 지위에 올랐기 때문에 도전할 대상이 사라지자 테미스토클레스의 독선은 더욱 강해졌다. 권력을 함부로 휘둘렀으며, 비판에 귀를 막았다. 여기저기서 테미스토클레스가 독재자가 되려 한다고 웅성거렸다.

테미스토클레스는 코웃음을 쳤다.

"내가 살라미스에서 페르시아를 무찌르지 않았으면 너 나 할 것 없이 몽땅 페르시아의 노예가 되었을 것들이 무슨 쑥덕공론들인가?"

이 말에 아테네 시민들은 더욱 분노했다. 그들은 왜 자신들을 구한 영웅에게 분노했을까?

아마 그들은 이렇게 말했을 것이다.

"살라미스해전에서 테미스토클레스의 공이 컸다는 것은 인정한다. 하지만 우리 아테네 시민들은 모두 군인으로 그 싸움에 참전했다. 싸움은 시민 모두가 한 것이지 사령관 혼자 한 것이 아니다. 물론 그의 공이 크긴 하다. 하지만 그가 모든 공로를 세운 것은 아니다."

그렇다면 테미스토클레스에게서 독재자의 싹이 보인다는 것은 무엇을 근거로 하는 말인가?

"시민들과 함께 나누어야 할 공로를 지휘관 혼자의 것으로 돌리는 사고방식, 이것이 바로 독재다. 여기서 한 걸음 더 나아가면 시민들과 함께 나누어야 할 다른 것들, 즉 권력이나 재산도 지도자가 독점하는 지경으로 갈 것이기 때문이다."

결론이 났다. 도편 추방 투표를 실시하기로 했다. 그렇게 시행된 투표 결과, 아테네 시민들은 압도적인 표로 테미스토클레스의 추방을 결정했다. 이로써 풍전등화의 나라를 구하고, 올림픽 관중의 시선을 경기장에서 빼앗을 정도로 사랑과 존경을 받았던 영웅은 한순간에 모든 공직을 박탈당하고 아테네에서 쫓겨나는 몸이 되었다. 시민들의 결의에 따라서 말이다.

탄핵으로 경쟁자 아리스티데스를 제거했던 테미스토클레스는 결국 자신의 무기였던 탄핵으로 권좌에서 쫓겨나고 말았다. 그리고 아테네 시민들은 테미스토클레스가 추방했던 아리스티데스를 '고결한 인물'이라 부르며 테미스토클레스를 대신하는 집정관으로 선출했다. 물론 아리스티데스가 테미스토클레스의 도편 추방을 주도했거나 배후에서 조종한 것은 아니다. 그는 그런 일을 꾸밀 사람이 아니었다.

테미스토클레스와 관련된 두 차례의 도편 추방은 민주주의 역사에서 매우 중요한 의미를 차지한다. 그가 주도하여 아리스티데스를 추방한 사례는, 탄핵이 남용될 경우 얼마나 엉뚱한 결과를 가져오는지 보여 주는 생생한 사례다. 이는 민주주의가 자칫 하면 중우정치로 빠져들 수도 있다는 위험을 경고한다. 반면 그 자신이 추방당한 사례는, 아테네의 민주정치가 얼마나 철저하게 독재의 가능성을 제거하였는지 보여 주는 사례가 되었다.

도편 추방 투표 이후 테미스토클레스의 운명은 기구했다. 아테네에서 추방당했을 뿐 아니라 그리스의 다른 폴리스로부터도 환영받지 못했다. 아테네 집정관으로 있을 때 다른 폴리스에 고압적인 자세를 취한 경우가 많았기 때문이다. 심지어 아테네가 자신을 추방한 것에 앙심을 품고 페르시아와 내통하여 아테네의 전복을 꾀했다는 반역 혐의까지 받았다.(나중에 확인된 바에 따르면 그는 그 반역에의 참여를 거부했다.)

결국 갈 곳이 없어진 테미스토클레스는 돌고 돌아 어이없게도 페르시아로 망명했다. 선택의 여지가 없었다. 그리스의 모든 폴리스에서 버림받았으니 그리스의 적국 외에는 의지할 곳이 없었다. 혹은 자신이 구원한 그리스가 자신을 버렸다는 사실에 배신감을 느끼고 분노했을 수도 있다. 하지만 나중에 확인된 바에 따르면 그는 죽을 때까지 그리스를 사랑했고, 그리스인으로서의 자긍심을 버리지 않았다고 한다.

테미스토클레스가 망명했다고 하자 페르시아의 크세르크세스xerxes 황제는 당연히 뛸 듯이 기뻐했다. 그동안 테미스토클레스라는 이름은 황제에게 공포와 증오의 대상이었다. 그에게 당한 패배를 치욕으로 여긴 황제는 반드시 설욕할 기회를 노리고 있었으며, 그의 목에 어마어마한 상금까지 걸어 놓고 있던 터였다. 그런데 그런 테미스토클레스가 제 발로 걸어와서 신하가 되겠다며 무릎을 꿇은 것이다. 살라미스해전이 기적이라면 이 역시 또 다른 기적이었다.

페르시아 황제는 테미스토클레스를 따뜻하게 맞이했다. 그의 목에 걸었던 상금을 하사하고, 왕족과 다름없는 지위를 누리게 했다. 이렇게 테미스토클레스는 여러 해 동안 페르시아의 귀족으로 부귀영화를 누렸다. 그런데 페르시아와 그리스의 전쟁이 다시 일어났다. 황제는 당연히 그리스의 명장인 테미스토클레스를 쓰고자 했다. 그에게 페르시아군을 지휘하여 아테네를 격파하라는 명령을 내렸다. 아테네의 영웅이 이제 아테네를 격파해야 할 운명이 된 것이다.

테미스토클레스는 새로이 충성을 맹세한 황제의 명령과, 자신이 나고 자라 충성을 맹세했던 조국 사이에서 이도 저도 못하는 난감한 상황에 처했다. 이 상황을 해결할 수 있는 방법은 하나밖에 없었다. 결국 그는 스스로 목숨을 끊는 선택을 했다.

이로써 페르시아전쟁의 영웅, 아테네의 위대한 지도자 테미스토클레스의 생애가 막을 내렸다. 페르시아 황제는 그런 그의 죽음이 '의로운 선택'이라고 보아 높이 칭송했다.

그리스를 페르시아의 침략으로부터 구한 영웅의 마지막치고는 참으로 쓸쓸하다. 그야말로 '탄핵으로 흥한 자, 탄핵으로 망한다'라는 격언이라도 만들어야 할 것 같다.

고대 아테네는 오늘날과 같이 입법부, 행정부, 사법부가 있었다. 입법부는 모든 성인 남성 시민이 참가하는 민회로 6,000명 이상이 모여야 성립되었다. 행정부는 10개 부족에서 50명씩 추첨(선거가 아니다)으로 선발되는 500인회이며, 사법부는 역시 추첨으로 선발되는 배심원단이다. 즉, 모든 시민이 입법부이며 행정부와 사법부는 시민들 중 추첨을 통해 선발했다.

그러나 500인회의 구성원들은 평상시 생업에 종사했기 때문에 일상적으로 행정과 사법의 업무를 책임질 사람이 필요했는데, 그 역할을 담당한 최고 행정관이 아르콘(archon, 흔히 집정관으로 번역)이다. 아르콘은 민회(즉, 시민 전체의 선거)에서 선출했다. 임기는 민주정치가 이루어지기 전에는 종신이었다가 민주정치가 이루어지면서 10년, 그리고 최종적으로는 1년으로 축소되었다. 군사령관 역할까지 겸했던 로마의 집정관consul에 비해 권력이 훨씬 약했다.

법은 법을 다루는 자에게
가장 엄격해야 한다

브루투스의 재판

로마 시민들, 그리고 원로원 의원들의 떨리는 눈이 일제히 집정관 루키우스 유니우스 브루투스Lucius Junius Brutus(이하 브루투스)를 향했다. 브루투스의 눈은 얼음같이 차가웠다.

"이들의 목숨만은 살려 주고, 대신 로마 밖으로 추방하여 영원히 돌아오지 못하게 합시다."

시민들 중 누군가가 이렇게 말하자 이에 동조하는 목소리가 하나둘 늘어나기 시작했다.

"그렇게 합시다. 추방합시다."

"추방!"

◆◆ 다비드, 〈브루투스 아들들의 시신을 운반하는 릭토르들〉(1789). 작품의 원제는 〈브루투스, 제1집정관, 로마의 자유에 대항해 타르퀴니우스의 음모에 가담한 두 아들을 죽게 하고 귀가하다—장사를 지낼 수 있도록 아들들의 시신을 가져온 릭토르들〉이다.

"추방하라!"

추방하라는 목소리가 점점 커졌다. 그러나 집정관 브루투스는 표정 하나 바뀌지 않고 법무관을 향해 말했다.

"우리 법에 반역자를 어떻게 처벌하게 되어 있소?"

"쓰러질 때까지 매질한 뒤 도끼로 참수하도록 되어 있습니다. 하지만……."

브루투스가 고개를 가로저었다.

"그렇다면 법이 정한 바대로 처결하는 수밖에 없소. 먼저 저들이 정말 반역을 저질렀는지 확인하고 틀림없다면 법대로 처결할 것입니다."

브루투스가 계단 아래 꿇어앉은 죄수들을 향해 무거운 목소리로 말했다.

"티투스 유니우스 브루투스, 티베리우스 유니우스 브루투스. 너희들은 타르퀴니우스와 결탁해 로마공화국을 전복하고 왕정을 되돌리려 했다는 혐의를 받고 있다. 사실이 아닌가? 그렇다면 말하라."

죄수들은 말이 없었다.

"다시 묻겠다. 고발 내용을 부인할 것이면 지금 말하라."

다시 침묵이 이어졌다.

"마지막으로 묻겠다. 부인하는가? 어찌하여 스스로에 대해 변명하지 않는가? 고발 내용을 모두 인정한다는 뜻인가?"

이렇게 세 번을 물어도 대답이 없자 브루투스는 마침내 묵직한 목소리로 선고했다.

"티투스 유니우스 브루투스, 티베리우스 유니우스 브루투스는 고발 내용을 모두 인정했다. 따라서 법에 따라 반역죄로 처벌한다."

그러자 공동 집정관인 콜라티누스가 휘청이며 말했다.

"브루투스! 그대가 사형에 처하려는 죄인이 누구인지 보시오. 티투스와 티베리우스란 말이오. 다름 아닌 당신 아들들이란 말이오."

"그렇소. 틀림없는 내 아들들이오. 하지만 로마를 배반한 반역죄를 저지른 죄인들이란 것 역시 틀림없는 사실이오. 그리고 그러한 범죄에 대한 형벌 역시 법에 따라 명확하게 정해져 있소."

"물론 그렇긴 하오. 하지만 시민들은 그들에게 동정심을 보여 주었고, 기꺼이 그들의 목숨을 구해 주고자 하고 있소."

"만약 시민들이 그들을 살리고자 한다면, 반역죄에 대한 처벌과 관련된 법을 바꾸어야 하오. 하지만 그렇게 하지 않고 다만 나더러 법을 어기라고 요구했을 뿐이오. 그 요구는 들어줄 수 없소. 법대로 처결하겠소이다. 나는 두 아이의 아버지이지만, 또한 로마공화국의 집정관으로서 법을 수호해야 하는 위치에 있소."

이리하여 티투스 유니우스 브루투스, 티베리우스 유니우스 브루투스는 쓰러질 때까지 채찍으로 맞은 뒤 도끼로 목이 잘리는 형벌을 받고 목숨을 잃었다. 사람들은 이 참혹한 장면을 차마 보지 못하고 자리를 떴다. 하지만 아버지인 브루투스는 끝까지 자리를 지키며 집정관으로서의 임무를 수행했다.

브루투스는 어째서 이렇게 자신의 아들들을, 그것도 시민들이 용서하자고 하는데도 기어코 사형에 처한 것일까? 그 이유는 브루투스가 왕정을 버리고 공화국이 된 로마의 '첫 번째' 집정관이라는 데 있다. 그렇다면 공화국은 대체 무엇이기에 이렇게 냉혹한 집정관이 필요했을까?

로마인들이 말하던 공화국의 어원은 'Res Publica', 즉 '공공의 것'이다. 영어로는 이 말을 'commonwealth(직역하면 공유재산)'라고 쓰는데, 이는 국가가 특정한 인물이나 집단의 것이 아니라 모두의 공유재산이라는 의미다.

국가의 법이 특정한 개인, 특정한 집단에게 다르게 적용되지 않는다는 것은 국가가 공유재산, 공공의 것이라는 가장 중요한 증거다. 브루투스의 난감한 처지가 바로 여기에 있다. 그가 만약 공화국의 첫 번째 집정관이라는 이유로 아들들에게 내려질 형벌이 감경되거나 관대한 처분을 받게 된다면, 공화국의 가장 중요한 원칙이 공화국 시작 단계에서부터 무너진다는 것을 의미하기 때문이다.

'왕정'이란 단지 최고 통치자의 이름이 '왕'인 정치체제가 아니다. 최고 권력자와 그 가족이 법 바깥에, 혹은 법 위에 있는 정치체제라면 통치자의 이름이야 뭐라고 불리든 그것은 왕정이다.

이런 점에서 제1집정관인 브루투스의 아들들이 사형 선고를 받을 수 있는 재판에 회부된 것 자체가 이미 왕국에서 공화국으로 바뀐 로마를 상징하는 장면이다. 그러니 여기서 왕국이나 다름없는 모습을 보일 수는 없는 것이다.

로마 시민들이 분개하여 왕을 추방하고 공화국을 세우게 된 동기가 바로 그런 사건이었다. 왕의 아들이라는 이유로 재판에 회부할 수도, 처벌할 수도 없는 상황에서 시민들의 분노가 폭발했던 루크레티아 능욕 사건이다.

이 사건은 사소한 언쟁이 발단이 되었다. 당시 로마는 타르퀴니우스 왕가가 통치하고 있었다. 왕은 타르퀴니우스 수페르부스Lucius Tarquinius Superbus였고, 그에게는 여러 아들이 있었는데 그중 섹스투스 타르퀴니우스(이하 섹스투스)가 유력한 후계자로 떠오르고 있었다.

어느 날 섹스투스는 사촌인 루키우스 타르퀴니우스 콜라티누스(이하 콜라티누스)의 집을 방문하여 환담하다가 '여성의 정숙함을 믿을 수 있는가'라는 주제를 놓고 언쟁을 벌였다. 서로 자기 아내는 정숙할 것이라고 자랑을 하던 중 이 어리석은 남자들은 큰돈을 걸고 내기를 했다.

내기는 전쟁이 일어나 멀리 나가야 한다며 출정 장비를 갖춰서 집을 나간 뒤, 몰래 서로의 집을 염탐하는 것이다. 남편이 멀리 전장에 나갔다고 알고 있는 아내가 무엇을 하고 있는지.

그들은 먼저 섹스투스의 집으로 갔다. 섹스투스의 아내는 기회는 지금이다 하며 성대한 파티를 열어 놓고 있었다. 섹스투스는 화가 머리끝까지 치밀어 올랐지만 일단 내기를 마무리하기 위해 콜라티누스의 집으로 갔다. 그의 아내가 더 난잡하게 놀고 있기를 바라며. 그러나 콜라티누스의 아내 루크레티아는 남편이 전장에서 무사히 돌아오기를 기도하면서 남편의 옷을 만들고 있었다.

"자, 더 볼 필요가 있겠습니까?"

콜라티누스가 우쭐하며 말했다.

섹스투스는 내기에 져서 자존심이 상했다. 게다가 아름답고 정숙한 루크레티아에게 그만 홀딱 반하고 말았다. 콜라티누스에 대한 질투심, 루크레티아에 대한 사랑으로 한껏 달아오른 섹스투스는 콜라티누스가 진짜로 전쟁터에 나가느라 집을 비웠을 때 루크레티아의 방에 침입했다. 처음에는 유혹하려 했지만 성공하지 못했다. 결국 협박까지 해 보았지만 목에 칼을 대도 루크레티아는 끄떡도 하지 않았다. 그러자 섹스투스는 "나는 당신을 죽인 다음 벌거벗겨서 벌거벗은 남자 노예의 시체와 포개어 놓겠소. 그렇다면 세상 사람들이 뭐라고 말할지 생각해 보시오"라고 무시무시한 협박을 가했다. 이 무서운 협박에 루크레티아는 굴복할 수밖에 없었다.

이렇게 능욕을 당한 루크레티아는 남편 콜라티누스와 남편의 친구인 브루투스에게 복수해 줄 것을 간청한 뒤, 스스로 목숨을 끊었다. 분노한 콜라티누스와 브루투스는 이 기막힌 사연을 로마 시민들 앞에 호소했고, 이를 듣고 더더욱 분노한 로마 시민들이 들고일어났다. 결국 섹스투스는 성난 시민들에게 맞아 죽고, 왕인 타르퀴니우스 수페르부스(이하 수페르부스)는 로마에서 추방되었다.

이것이 로마 역사의 분기점이 되었다고 알려진 루크레티아 능욕 사건이다. 이 사건이 실제로 있었는지 그저 설화에 불과한지를 놓고 논란이 분분하지만, 이 무렵 로마 시민들의 왕가를 향한 분노가 한계에 이르렀던 것은 사실이다.

당시 로마를 다스리던 타르퀴니우스 왕가는 로마인들을 가혹하게 통치했으며, 그중에서도 7대 왕인 수페르부스는 엄청난 폭군이었다. 그는 로마 안에서는 시민들의 반발을 폭력으로 다스렸고, 로마 밖으로는 다른 나라와 끊임없이 전쟁을 일으켰다. 그는 불행인지 다행인지 전쟁에서 대부분 승리해 이탈리아반도의 중서부 지방을 완전히 장악했다. 하지만 정복한 땅에서 거둬들이는 막대한 수익은 단지 왕가를 살찌우는 데만 쓰였을 뿐 시민들에게는 거의 돌아가지 않았다. 시민들에게 전쟁은 그저 군인으로 계속 끌려다니고, 엄청난 세금을 추가로 납부해야 하는 부담에 불과했다.

수페르부스는 이뿐 아니라 대규모 건설 공사도 좋아했다. 걸핏하면 외국에서 예술가, 건축가를 불러들여 거대한 건물들을 지었다. 문제는 시민들이 이러한 공사에 동원되었다는 것이다. 전시에는 군인으로, 평상시에는 노동자로 계속 징발되어야 했으니 시민들의 불만은 높아질 수밖에 없었다. 수페르부스는 이 불만의 목소리에 귀를 기울였는데, 반발하는 사람을 찾아내 폭력적으로 진압하기 위해서였다. 로마 시민들은 이것이 수페르부스 개인의 문제가 아님을 깨닫고 있었다. 한 사람이 무제한의 권력을 가지는 왕정이라는 통치 제도 자체의 문제였다. 이런 상황에서 루크레티아의 죽음은 왕정의 폐단을 선명하게 보여 주었고, 시민들의 분노에 불을 붙였다.

만약 상대가 왕자가 아니었다면 루크레티아는 섹스투스가 협박했을 때 곧장 고발했을 것이다. 하지만 루크레티아는 고발해 봐야 아무 소용이 없음을 알고 있었다. 왕정은 법 위에 군림하는 존재, 다른 시민들과는 그 자격이 본질적으로 다른 존재를 전제로 하기 때문이다. 왕자는 법 위에 서 있는 존재였다.

로마인들은 타르퀴니우스 왕가를 몰아낸 뒤, 다른 왕을 옹립하는 대신 누구도 법 위에 서지 못하고 모든 시민이 법 앞에서 동등한 자격을 가지는 정치제도를 세우고자 했다. 그 결과 만들어진 것이 정교한 권력 분립과 견제로 유명한 로마공화정이다.

왕에 해당하는 집정관은 특정 가문의 세습이 아니라 시민들의 선출로 임명되었다. 그마저도 임기를 1년으로 제한해 권력이 모일 틈을 주지 않았고, 한 사람이 아니라 두 사람을 선출해 권력이 한 사람에게 집중되지 않도록 했다. 왕자를 죽이고 왕을 추방한 로마 시민들이 최초로 선출한 집정관이 바로 브루투스와 루크레티아의 남편 콜라티누스였다.

두 사람이 선출되었지만 브루투스가 진정한 권력자라는 것을 시민들은 물론 본인들도 알고 있었다. 콜라티누스는 왕정의 폐단을 보여 주는 사건의 피해자로서 상징적인 의미가 있었지만, 브루투스는 직접적인 피해자가 아님에도 명예와 올바름을 위해 왕정 타도에 앞장섰으니 그야말로 로마공화국의 아버지라 불릴 만한 위치에 있었던 것이다.

브루투스는 집정관에 취임하면서 로마 시민들에게 거푸 요구했다.

"앞으로 어떤 경우에도 왕을 추대하지 않겠습니까?"

시민들은 모두 그러겠다고 화답했다. 그런 브루투스다.

그런데 어째서 그의 아들들은 아버지가 힘써서 몰아낸 왕가와 결탁하여 공화정을 무너뜨리려고 했을까? 이는 공화정이 평등을 지향하는 정치제도이고, 결국 귀족 출신 청년들에게는 매우 불리한 제도라는 데에서 기인한다.

왕정은 다만 왕이 있는 제도가 아니다. 왕정은 왕-귀족-평민으로 이어지는 신분제의 피라미드를 필요로 한다. 그래야 그 피라미드의 정점으로써 왕의 힘이 극대화되기 때문이다. 마찬가지로 귀족이 평민에 대해 신분적 우위를 누릴 수 있는 힘의 바탕 역시 왕이다. 왕과 귀족은 서로 공생 관계에 있다. 가장 강한 귀족이 왕가이며, 그 위성 같은 존재가 귀족이다. 귀족으로 태어나면 왕은 되지 못해도 평민보다는 더 많은 기회를 가질 수 있는 것이다.

그런데 공화정이 되었다. 공화정은 문자 그대로 국가를 공유하는 정치다. 따라서 명목상 귀족과 평민은 국가와 관직에 대한 동등한 접근권을 부여받게 되었다. 귀족은 명예를 누리지만 더 많은 권한과 기회를 가지는 것은 아니다. 물론 그 명예도 하찮은 자원은 아니며,

그 덕분에 귀족 출신 젊은이가 평민 출신 젊은이보다 더 많은 기회를 누리는 것은 사실이다. 그래도 왕정 시절에 비할 바는 아니다.

기성세대 귀족들이야 이미 누릴 것을 다 누렸지만, 귀족 집안의 젊은이들에게 이는 작은 문제가 아니었다. 그리하여 이들은 삼삼오오 모여서 공화정에 대한 불만을 토로했고, 로마에서 쫓겨났지만 여전히 인근 에트루리아 등에서 막강한 힘을 유지하고 있었던 타르퀴니우스 왕가는 그 기회를 놓치지 않았다. 타르퀴니우스 왕가는 이 귀족 청년들에게 접근해 자기들이 외부에서 군대를 몰고 로마를 치면 내부에서 호응하여 공화정을 무너뜨리기로 공모했다.

수페르부스는 비록 로마에서 쫓겨났지만 에트루리아에 여전히 강력한 군사력을 남겨 두고 있었다. 그리고 언제든 로마로 쳐들어가서 자신의 왕국을 되찾을 생각에 가득 차 있었다. 그런 그가 관직도 가지지 않은 철없는 젊은이들의 내응에 큰 기대를 걸었을까? 그럴 가능성은 별로 없다. 아마 수페르부스는 이렇게 생각했을 것이다.

'저 밉살스러운 브루투스의 아들이 내통자들에 끼어 있다니 재미있구나. 과연 브루투스가 자기 아들을 처형할지 못 할지 어디 보자. 내 아들을 죽게 만들었으니, 그의 아들도 죽어야 마땅하지 않겠는가?'

공화정의 첫 집정관으로 선출된 브루투스의 아들들이 왕정복고를 꾀한 반역죄로 기소된다면 이 얼마나 우스꽝스러운 모습이겠는가? 만약 브루투스가 자기 아들들을 반역죄로 처형하지 않는다면, 이는 법 앞에서 모든 시민이 동등한 권리를 가진다는 공화정의 원리를 스스로 무너뜨리고 사실상 자신이 왕이나 다름없다는 선언을 한 결과가 된다. 다시는 왕을 세우지 말자고 시민들과 그토록 강력하게 결의한 그가 말이다.

반면 브루투스가 아들들을 반역죄로 처형한다면 타르퀴니우스 왕가 입장에서는 참으로 통쾌한 복수가 된다. 섹스투스 왕자를 죽이고, 자기들을 로마에서 몰아낸 브루투스가 자기 아들들을 직접 죽음으로 몰아넣게 만들었으니 말이다.

이런 고약한 딜레마에 처한 브루투스는 결국 공화정을 지키는 쪽을 선택했다. 설사 시민들이 아들들의 목숨을 살려 주기로 정했다 할지라도 공화정은 소수 귀족이나 왕의 것도 다수 시민의 것도 아니기 때문이다. 누구도 공화국의 법을 넘어선 존재가 될 수 없다. 공화국은 공유재산이기 때문이다.

"어째서 너희들은 스스로를 위하여 변명하지 않느냐?"

브루투스가 아들들에게 세 번이나 이렇게 물어본 것은 단지 의례적인 재판 절차만은 아니었을 것이다. 뭔가 그럴듯한 이유가 나오길 내심 기대했을 것이다. 하지만 아들들은 자기 자신을 변호하지 않고 죽음을 받아들였다. 그리고 이런 단호한 재판이 있었기에 로마 시민들은 공화정에 대한 믿음을 더 굳건히 할 수 있었다.

그로부터 얼마 지나지 않아 타르퀴니우스 왕가는 다시 로마에 대대적인 공격을 감행했다. 브루투스는 시민들과 똘똘 뭉쳐서 왕가의 군대를 무찔렀다. 이로써 타르퀴니우스 왕가가 로마를 다시 지배할 가능성은 사라졌다. 하지만 불행히도 브루투스는 수페르부스의 아들과 싸우다 전사했다. 로마 시민들은 무려 1년 동안이나 공화국 아버지의 죽음을 애도했다.

만약 브루투스가 자신의 아들들을 처형하는 결단을 내리지 않았다면 로마 시민들의 공화정에 대한 신념, 다시는 왕정으로 돌아가지 않겠다는 결심이 그렇게까지 강하지 않았을 것이다. 그리고 로마가 공화정을 발전시키지 않고 뭇 왕국 중 하나로 남았다면 오늘날 서양 문명의 원천이 되는 그런 나라로 성장하지 못했을 것이다.

『플루타르코스 영웅전』에 나오는 브루투스의 일화는 역사적 사실인지 설화인지는 확인되지 않는다. 하지만 이 일화가 이후 로마인들, 나아가 유럽인들에게 공화정과 법치에 대해 굳건한 관념을 세워 준 것만은 틀림없는 사실이다.

약자의 편에 섰던
수천 년 전의 변호사

가이우스 베레스 탄핵 심판

아테네의 민주정치가 자유주의에 가까웠다면, 로마의 민주정치는 공화주의의 전형이라고 할 수 있다. 시민들의 선거로 선출되는 여러 관직이 서로를 교묘하게 감시하고 견제하도록 되어 있기 때문이다. 게다가 로마는 철저한 법치국가였다. 브루투스 이후 로마는 모든 시민에게 평등하게 적용되는 법에 의한 통치를 공고히 다졌다. 누구도 법 위에서 특별한 권리를 누릴 수 없었다.

그러나 그 감시망에서 벗어나 있는 고위직이 있었으니, 바로 속주(식민지)의 총독이다. 총독은 로마공화국의 일부는 아니지만 로마공화국의 지배 아래에 있는 나라들, 간단히 말하면 식민지를 통치하는 고위 관직이다.

속주와 총독 제도는 당시 로마의 넓은 영토가 모두 로마공화국이 아니라는 점에서 비롯되었다. 역사 교과서에는 지중해를 아우르는 거대한 나라로 로마를 표시하고 있지만, 정확히 말하면 로마는 로마공화국과 속주들로 이루어져 있었다.

오늘날의 이탈리아가 로마공화국이었고, 다른 지역은 속주였다. 로마공화국의 자유민들은 투표권을 가진 시민이었지만, 속주의 주민들은 소수의 지도층을 제외하면 투표권이 없었다. 즉, 시민의 지위를 부여받지 못했다.

따라서 총독은 자신을 파견한 로마 시민들에게는 책임을 졌지만, 정작 자신이 통치하는 속주 주민들에게는 법적으로 아무런 책임을 지지 않았다.

물론 로마는 법무관에게 총독들을 감사하는 역할을 맡겼지만, 법무관들이 머나먼 속주까지 다니는 일은 전쟁 중이 아닌 다음에야 흔하지 않았고, 또 법무관과 총독은 올해의 법무관이 내년에는 총독이 되는 등 서로 호환되는 직책이었기 때문에 총독들을 엄격하게 감시하는 경우도 많지 않았다. 그러다 보니 총독들 중에는 부패한 관료가 많았으며, 심지어 총독직을 일종의 재산 증식의 기회로 삼는 경우도 많았다.

그렇게 로마공화국이 속주에서 썩어 가고 있던 어느 날, 검게 그

을린 사람들이 잔뜩 상기된 얼굴로 몰려왔다. 그들은 멀리 시칠리아에서 온 사람들이었다.

"어떤 일로 오셨소?"

"우리는 시칠리아의 시민 대표들입니다. 시칠리아의 속주민과 시민들을 대표해 총독 가이우스 베레스를 고발하고자 합니다."

"시칠리아 총독을 고발한다고요?"

법무관이 놀라며 벌떡 일어섰다. 놀랄 수밖에 없는 것이, 우선 총독들은 그 지위가 법무관보다 높았고, 그중에서 가장 서열이 높은 총독이 바로 시칠리아 총독이었기 때문이다. 시칠리아가 인기가 많은 것은 당연했다. 아프리카, 아시아의 속주와 달리 로마와 멀리 떨어져 있지 않기 때문이다. 또 시칠리아는 이탈리아의 곡창지대였기 때문에 속칭 '털어 먹을 것'이 많았다. 그래서 시칠리아와 이스파니아처럼 부유한 속주의 총독들은 애초에 부자가 될 꿈을 안고 총독으로 부임하곤 했다. 실제로 당시 로마의 총독들 중에는 탐관오리가 많았다.

행정관(조영관) 선거에 나간다. → 행정관(조영관)이 되어 공공시설을 짓고, 공공행사를 많이 개최해 인기를 끈다. → 이를 바탕으로 법무관 선거에 나간다. → 법무관직을 마치게 되면 속주의 총독이 된다. → 속주의 총독이 되면 '털어 먹기'를 통해 정치자금을 충분히 모아 둔다. → 이 자금을 바탕으로 집정관 선거에 나선다.

이것이 당시 로마에서 널리 통용되던 표준 출세 코스였다. 총독으로 부임하는 관리들은 대체로 법무관이 되기까지 여러 차례의 선거를 거치면서 꽤 많은 돈을 탕진한 상태였다. 게다가 총독 자리를 얻기 위해 다른 원로원 위원이나 고위 관료 들에게 상당한 뇌물을 바치기도 했다. 여기에 야심이 있는 인물이라면 집정관에 도전하기 위한 선거자금 확보 역시 간단한 일이 아니었다.

당시 로마의 선거제도는 오늘날 대한민국처럼 선거자금을 제한하지 않았다. 그러니 시민들의 환심을 사기 위해 돈을 펑펑 쓴 후보가 당선될 가능성이 높았다. 따라서 로마의 고위 공직자가 되고 싶다면 두 가지 조건이 필요했다. 하나는 유명해지는 것이고(전쟁 영웅이 제일 유리했다), 다른 하나는 돈을 많이 벌어 놓는 것이었다. 이 두 가지를 다 충족했던, 즉 매우 부유한 전쟁 영웅이었던 가이우스 마리우스는 무려 일곱 번이나 집정관직을 역임했다.

● 로마의 관직
 - 집정관Consul : 로마의 최고 관직으로 최고 사령관을 겸임. 선거로 뽑았으며 임기는 1년.
 - 법무관Preator : 이름 그대로 소송을 담당하지만 집정관 부재 시 그 직무를 대행하는 부집정관의 역할도 했다. 선거로 뽑았으며 임기는 1년.
 - 행정관Aediles : 선거로 뽑았으며, 각종 민원과 치안업무를 담당했다. 게다가 각종 오락과 행사까지 담당하여 인기를 얻기 좋은 자리라 정치적 야심을 가진 젊은이들이 관문으로 삼았다. 조영관, 안찰관이라고도 번역된다. 따라서 행정관과 조영관이 중첩되기도 한다.

탐관오리들이 속주 총독이라는 자리를 그토록 갈망하는 까닭은 속주라는 곳이 가지고 있는 지위 때문이다. 속주는 로마공화국의 지배를 받는 영토이지만, 그곳에 사는 사람들은 로마공화국의 시민이 아니다. 즉, 속주 주민들은 로마의 지배를 받고 있기는 하지만 로마 시민권은 가지고 있지 않았다. 따라서 속주 주민들에게는 민회에 나가 투표할 권리도 없으며, 주요 공직자들을 선거할 권리도 없었다. 당연히 총독 역시 주민들이 선출하는 것이 아니라 로마에서 파견했다.

총독들은 로마와 달리 자신들에게 저항할 어떠한 방법도 없는 주민들을 지배하게 된 것이다. 아무리 선량한 총독이라 하더라도 견물생심이다. 탐욕을 부려도 제어할 방법이 없다는 것은 사실상 탐욕을 부추기는 것과 다름없었다. 그래서 속주 총독들에게 속주의 부유한 주민들은 그야말로 봉이나 다름없었다.

물론 로마가 허술한 나라는 아니었다. 속주 주민 중 시민권을 가지고 있는 일부 지도층이 로마 본국에 총독을 부정부패 혐의로 고발할 수 있었고, 총독은 임기를 마치면 본국으로 돌아가 감사를 받아야 했다. 그래서 총독들은 속주 시민권자들을 회유하거나 협박했다. 설사 이들이 회유에 넘어가지 않더라도 감사관들에게 미리미리 뇌물을 썼다. 이 때문에 속주 시민권자들은 어지간하지 않으면 그냥 참고 넘어갈 뿐 총독을 고발하는 일은 극히 드물었다.

그 속주들 중 시칠리아는 많은 돈을 벌고 싶어 하는 탐관오리들에게 그야말로 노른자위 중의 노른자위였다. 시칠리아 총독이 되기 위해서는 권력의 핵심부에 있거나 엄청난 뇌물을 써야 했다. 시칠리아 주민들은 번번이 최악의 탐관오리가 총독으로 오는 불행을 겪어야 했고, 어지간한 탐관오리들은 웃어넘길 정도로 면역이 되어 있었다.

그런 시칠리아 주민들이 수천 리를 달려와서 탄핵을 요청할 정도였다면 베레스는 대체 얼마나 지독한 탐관오리였을까? 일단 재산 축적 규모부터 달랐다. 그는 보통의 탐관오리가 10만큼의 재산을 불릴 때 자신은 30만큼 불린다고 말했다. 전해지는 말이 아니라 본인이 직접 그렇게 말했다. 왜 다른 탐관오리의 세 배나 필요했을까?

우선 첫 번째 10은 총독직을 얻기 위해 쏟아부은 뇌물을 보충하기 위한 본전이다. 두 번째 10은 본격적으로 재산을 증식하게 되는 부분이다. 그리고 마지막 10은 만약 자신의 탐관오리질에 대한 고발이나 고소가 들어왔을 때 필요한 재판 비용이다. 변호사를 선임하고 배심원들을 매수하려면 무척 많은 돈이 들 터였다.

이렇게 베레스는 부정하게 재산을 불렸을 뿐만 아니라 그 검은 돈으로 수많은 정치인, 법조인 들을 공범으로 끌어들여 침묵의 카르텔을 만드는 악질적인 탐관오리였다. 정계의 유력 인사들이 공범이나 마찬가지이니 재판도 감사도 두려워하지 않았다. 그야말로 탐관오리의 끝판왕이라 할 만했다.

그런 베레스이기 때문에 그를 고발하려고 나선 시칠리아 주민들은 자신들의 고발을 대행해 줄 변호사를 구하는 데도 애를 먹었다. 질 게 뻔한 재판에 공연히 끼어들어서 고위층의 눈 밖에 나고 싶지 않은 변호사가 대부분이었다. 당시 변호사들 중에는 장차 정치가가 되고자 하는 젊은이들이 많았다. 그래서 변호사들은 정치계의 거물과 척을 지려고 하지 않았다. 하지만 시칠리아 주민들의 간절한 호소는 이제 막 명성을 얻기 시작한 젊은 변호사 마르쿠스 툴리우스 키케로Marcus Tullius Cicero(이하 키케로)의 마음을 움직였다.

"저런 더러운 작자는 두 번 다시 로마에 발도 붙이지 못하게 쫓아내야 한다."

사실 키케로가 이 사건을 맡은 동기에 정의감만 있는 것은 아니었다. 키케로 역시 정치가로 출세하고 싶은 욕망이 컸다. 하지만 그에게는 출세에 필요한 것들이 부족했다. 부유하지도 않았으며, 파트리키에 속한 명문 가문도 아닌 제2신분인 에퀴스테였다. 신체적

● 로마 공화정 초기의 계급은 대부분의 고위 관직과 신관을 독점한 귀족인 파트리키patricii, 자비로 말과 갑옷을 갖출 수 있는 경제력을 가진 기사 계급인 에퀴테스Equites, 평민인 플레브스Plebs로 이루어졌다.

으로 허약한 키케로가 전쟁터에서 명성을 얻을 가능성도 없었다. 그렇다면 남은 선택지는 변호사로 명성을 얻는 것인데, 그러자면 모두가 기피하는 사건을 맡아서 승리하는 극적인 계기가 필요했다. 더구나 그 승리가 민중들을 위한 승리라면 인기몰이에 더 좋을 터였다.

그리하여 키케로는 고발장을 접수했다. 아무도 감히 맞서지 않을 것이라 생각했던 베레스는 잠시 당황하였으나, 이내 작전을 짜서 대응했다. 베레스는 당대 유명 변호사들을 고용했다. 그리고 재판을 담당하게 될 배심원들에게 뇌물을 뿌리기 시작했다. 베레스 쪽에서 세운 재판 전략은 이렇다.

❶ 가장 간편한 방법 : 배심원들을 매수하여 무죄판결을 받아낸다.
❷ 만약 이것이 여의치 않을 경우 : 베레스가 집정관 선거에 입후보한다. 재판을 질질 끌어서 집정관 선거일까지 지연시킨다. 집정관 선거기간이 시작되면 재판이 중지되며, 만약 베레스가 집정관에 당선되면 면책특권이 있다.

물론 키케로도 이런 전략을 충분히 예상했다. 여기에 맞서기 위해 키케로는 다음과 같은 전략을 세웠다.

❶ 배심원들이 매수되지 않도록 한다. 혹은 매수되었더라도 자신의 행위를 몹시 부끄럽게 느끼도록 만든다.

❷ 씨족 귀족과 그 밖의 계급인 2계급 이하 민중들 사이의 반목이 심했던 상황을 이용해 단순한 재판이 아니라 정치적으로 중요한 의미가 있는 재판으로 만든다. 그리하여 베레스에게 유죄판결을 내리는 것은 부패 관료 한 사람을 처벌하는 것 이상의 의미를 가지고 있으며, 유죄 이외의 결과는 모두 민중의 반발을 살 것처럼 느끼도록 만든다.

이렇게 작전을 짠 키케로는 배심원들 앞에서 역사적인 연설을 시작했다.

요즘 재판에서는 돈만 있으면 아무리 사악한 자라도 유죄판결을 면할 수 있다는 소문이 오래전부터 우리 로마 시민뿐 아니라 외국인들에게 까지도 알려져 있습니다.

이렇게 첫마디를 던짐으로써 배심원들을 뜨끔하게 만들었다. 그리고 슬쩍 신분제를 이용하여 자존심을 건드렸다. 당시 로마는 종신 독재관 루키우스 술라에 의해 공화정의 제도가 많이 무너진 상태였다. 귀족들은 제2계급인 기사와 평민 들로부터 재판권을 빼앗았다. 그래서 배심원은 귀족 중에서만 선출되었다. 키케로는 이 점을 꼬집었다. 만약 이 재판이 엉터리로 진행되면 기사 및 평민에게 재판권을 도로 빼앗기는 빌미가 될 수 있다고 일종의 경고 혹은 협박을 던진 것이다. 그래서 키케로는 이 재판이 귀족들에게 위기이자 기회일 수 있다는 전제를 걸고 즉각 베레스를 고발했다.

> 저는 집회와 법률을 도구 삼아 원로원에 대한 증오에 불을 지피려고 기회를 노리는 자들이 넘쳐나는 순간, 여러분의 신분과 여러분이 주관하는 재판이 위기에 처한 순간, 이 가이우스 베레스를 피고인으로 법정에 세우고자 합니다.

여기서 우리는 키케로가 파 놓은 이중 함정을 찾아낼 수 있다.

❶ 만약 베레스가 죄를 지었음에도 무죄판결을 받는다면 로마의 자긍심이 무너지고 외국의 무시를 받을 것이다.
❷ 또한 재판권을 원로원에게 넘긴 시민들의 원한과 불만이 높아져서 귀족과 시민의 갈등이 커지며, 결국 귀족들이 재판권을 빼앗길 것이다.

그러고 나서 키케로는 엉뚱한 방향으로 변론을 펼치기 시작했다. 보통 변호사들은 자신의 주장이 옳고, 자신의 주장대로 판결이 나야 한다고 외치기 마련이다. 그런데 엉뚱하게도 키케로는 자신이 질 것이며 베레스는 결국 무죄방면될 것이라고 말함으로써 배심원들을 당황스럽게 했다. 베레스가 무죄판결을 받는다면 그건 나라 망신이자 귀족 망신이며 그럼에도 결국엔 베레스가 무죄를 받고 말 것이라 말했으니, 이는 배심원들 중에 부끄러워해야 할 사람들이 많다는 뜻이기 때문이다. 키케로의 말을 들어 보자.

그는 자신의 삶과 행동에 비추어 모두에게 유죄판결을 받았음에도 그의 희망과 호언장담대로 엄청난 돈을 써서 무죄방면될 것입니다. 배심원 여러분, 저는 오늘 로마 시민의 기대와 바람을 안고 이 소송의 고발을 맡았으며, 여러분의 신분을 향한 분노를 키우려는 것이 아니라 그 모든 악소문을 없애 버리고자 합니다. 여러분이 재판에 대한 그간의 잘못된 평판을 불식시키고, 로마 시민에 대한 영향력을 회복하고, 외국인들과의 관계를 개선할 기회인 오늘 국고를 횡령하고, 남의 재산을 약탈하고, 시칠리아를 도탄에 빠뜨리고 파괴한 자를 이 법정에 소환했습니다.

만약 여러분이 그를 양심적으로 준엄하게 재판한다면, 여러분이 누려 마땅한 위엄을 누리게 될 것입니다. 하지만 만약 그의 막대한 재산 때문에 재판의 신성함과 진실이 외면당한다면, 심판인들에게 피고인이 있었고 피고인에게 고발자가 있었으나 국가에는 진정한 재판이 없었음을 알게 될 것입니다.

만약 이번 재판에서도 비슷한 위법과 불법이 자행되었음이 밝혀진다면 제 심정이 어떻겠습니까? 특히 제가 여러 증인을 통해 가이우스 베레스가 시칠리아에서 다른 사람들이 듣는 가운데 유력한 인사가 자신의 뒷배를 봐 주고 있으며 그 덕분에 자신이 속주를 수탈하는 것이라고 여러 차례 언급한 것을 입증한다면 어떻겠습니까? 또 그가 자기 자신을 위해서만 돈을 모으는 것이 아니며 총독 임기 3년을 나누어 첫해 수확은 자신이, 다음 해의 수확은 자신의 변호인과 옹호자에게, 가장 풍요롭고 이득이 많은 세 번째 해의 수확은 전부 배심원을 위해 비축함으로써 총독의 임무를 훌륭하게 완수하는 것이라고 말한 것을 입증한다면 어떻겠습니까?

이제 이 재판은 단순히 가이우스 베레스라는 탐관오리에 대한 심판에 그치지 않게 되었다. 키케로는 베레스의 죄악상을 정확하게 늘어놓으면서, 그가 악인이며 탐관오리임을 기정사실화했다. 그러면서 이 재판에 본래 목적 이상의 의미를 부여하면서 배심원들에게 그들이 어떤 역사적인 순간에 서 있다고 느끼게 했다.

❶ 가이우스 베레스가 유죄판결을 받는 경우: 평민들이 로마의 정치

체제, 원로원, 귀족에 대한 신뢰를 회복한다.

❷ 가이우스 베레스가 무죄판결을 받는 경우: 평민들이 귀족과 원로원에 대한 수많은 나쁜 소문을 기정사실로 받아들이고, 로마의 정치체제에 대한 불신이 걷잡을 수 없이 커진다.

이제 배심원들의 어깨에는 단지 가이우스 베레스라는 한 탐관오리의 유무죄가 아니라, 오랫동안 누려 왔던 귀족과 원로원의 권위, 그리고 그것에 기반하고 있는 조국의 정치체제 운명이 걸린 형국이 되어 버렸다. 이렇게 키케로는 재판의 성격을 확 바꿔 버림으로써 배심원들이 베레스의 뇌물에 넘어가지 않도록 논리적인 지뢰를 매설해 두었다. 마침내 키케로는 이 재판의 성격을 명확히 규정하면서 결론을 내렸다.

배심원 여러분, 하늘에 맹세코 이 점을 염려하고 대비해 주시기 바랍니다.

원로원 신분 전체가 받는 미움과 증오, 불명예와 수치를 벗어 버릴 기회입니다. 재판의 엄정함이 사라졌으며, 양심이 사라졌으며, 마침내 재판이 재판이 아니라는 평가가 내려졌습니다. 우리는 로마 인민에게 비난과 조롱을 받고 있습니다. 지독한 오명이 계속해서 우리를 몰아세우고 있습니다. 여러분은 이제 수년 동안 쌓인 여러분 신분에 대한 치욕과 오명을 말끔히 씻어 낼 수 있습니다.

이 재판은 그동안 귀족과 원로원에 쌓인 오명, 민중들의 재판에 대한 불신을 씻어 버릴 절호의 기회인 것이다. 이렇게 역사적인 소명을 가진 재판에 참가한 이상 배심원들은 키케로의 편에 서지 않으면 로마 역사에 죄인이 될 것 같다는 생각을 하지 않을 수 없게 되었다.

이렇게 하고 나서야 키케로는 고발 내용을 아주 간결하게 소개했다.

고발 내용은 다음과 같습니다. 가이우스 베레스는 탐욕스러운 짓을, 로마 시민과 동맹 시민에게 잔인한 짓을, 신과 인간에게 불경한 짓을 많이 저질렀으며, 특히 시칠리아 속주에서 법률에 반하는 40만 세스테르티우스(고대 로마의 화폐 단위)를 수탈했습니다. 증인을 통해, 사문서와 공문서를 통해 이 모두를 여러분에게 입증할 것입니다.

하지만 하나 마나 한 말이었다. 고발 내용이 구체적으로 무엇이 되었든 배심원들의 마음속 결론은 이미 정해져 있었다.

'가이우스 베레스를 유죄판결함으로써 귀족에 대한 오명을 씻고, 재판에 대한 신뢰를 회복하자!'

박수 소리와 함성이 요란하여 계속해서 말하는 키케로의 목소리는 잘 들리지 않았다. 로마의 배심원을 몽땅 매수할 수 있다고 큰소리쳤던 베레스는 돈을 풀어 볼 기회조차 누리지 못한 채 유죄판결을 받고 로마에서 추방되고 말았다.

이 재판으로 키케로는 엄청난 명성을 얻었고, 이를 바탕으로 마침내 로마의 최고 관직인 집정관에까지 올라가게 되었다. 무를 숭상하는 풍토가 강한 로마에서 군인 경력이 없는 키케로가 변론술만으로 집정관이 된 것은 대단히 이례적이다. 이런 사례는 키케로가 유일무이했다. 어떤 면에서 키케로는 오늘날 정치가의 모습을 수천 년 앞서 보여 준 셈이다.

이후 키케로는 공화정을 전복시키려 한 카틸리나의 내란 음모를 칼 한 자루 쓰지 않고 단 한 번의 연설만으로 무너뜨리는 등 "펜은 칼보다 강하다"라는 격언을 온몸으로 실천하며 살았다. 오직 연설만으로 두 명의 유력한 세력가를 탄핵시킨 것이다.

그러나 그의 생애 세 번째 탄핵 시도는 성공하지 못했다. 이른바 '필리포스 연설'이라고 불리는 것이다. 당시 로마는 카이사르가 암살당한 뒤 군벌인 마르쿠스 안토니우스Marcus Antonius의 지배 아래 있었다. 안토니우스는 군사력을 바탕으로 로마를 무단통치했는데, 키케로는 그런 그를 원로원의 뜻을 모아 탄핵하고자 한 것이다. 이 필리포스 연설 역시 대단히 훌륭하고 격동적인 연설로 이름 높다.

그러나 당시 원로원 의원들은 키케로의 연설에 마음이 움직였음에도 그를 지지하는 편에 서지 못했다. 안토니우스의 무력이 훨씬 현실적이었던 것이다. 결국 원로원은 거꾸로 안토니우스의 요구에 따라 키케로를 국가의 적으로 선언하고 말았다. 이로써 역사상 가장 위대한 변호사이자 연설가인 키케로는 "펜은 칼보다 강하다"라는 격언을 더 이상 실현하지 못한 채 권좌에서 추방당하고 말았다.

안토니우스는 키케로를 권좌에서 몰아내고도 그의 펜을 두려워했고 끝내 자객을 보내 키케로를 암살했다. 그리고 수많은 명문장을 쏟아낸 그의 손을 잘라서 원로원 현관에 걸어 두었다.

2장

전통사회
중국의 재판

고대 그리스 로마의 역사는 매우 역동적으로 보인다. 논쟁도 많고 재판도 많다. 그에 비해 동양 쪽은 좋게 말하면 안정적이고 나쁘게 말하면 좀 지루해 보인다. 흔히 동양의 문화라고 하면 조화를 중요시해서 그런지 법정에서 서로 옳고 그름을 치열하게 다투는 상황이 적었던 것이 아닐까 하고 오해할 수도 있다.

실제로 고대 동아시아 정치에 대한 흔한 이미지는 힘 있는 임금이 가운데 자리 잡고 신하는 임금을, 백성은 신하를 섬기며 집에서는 아버지를 섬기는 등 질서가 잡혀 있는 정적인 그림이다. 아무래도 유교의 영향 때문일 것이다.

하지만 정말 그랬을까? 사실 동아시아에 유교적 질서가 자리 잡은 것은 오래 잡아도 한나라 시절이다. 게다가 이후 위진남북조시대, 수·당시대에는 오히려 불교와 도교가 성행했다. 동아시아가 유교사회로 재편된 것은 송나라 이후, 특히 명나라부터다.

유교가 법가와는 상당히 대립되는 것처럼 보이지만, 실제로 유교통치를 표방한 왕조들도 법에 상당 부분 의존했다. 예를 들어, 한나라는 유교를 공식 통치 이념으로 삼았지만, 한나라의 법은 진시황제의 법보다 조금 완화되었을 뿐 여전히 엄격했다. 송나라와 명나라 역시 가장 철저한 유교통치를 표방한 왕조이지만, 법 역시 매우 엄격하고 꼼꼼하게 적용되었다. 따라서 재판도 자주 이루어졌다. 그러면 유교가 지배했던 동아시아에 어떤 흥미로운 재판들이 있었는지 중국을 통해 살펴보자.

정의로운 탄핵,
사사로운 탄핵

천자天子를 몰아낸 이윤과 곽광

박근혜 전 대통령은 우리나라 헌정 사상 최초로 임기 중 파면된 대통령이 되었다. 임기 중인 대통령의 탄핵은 세계적으로도 매우 드문 사례다. 박근혜 전 대통령 이전에는 2016년 8월 31일에 탄핵된 브라질의 지우마 호세프 대통령이 유일했다. 1972년 미국의 닉슨 대통령은 탄핵 심판이 진행되는 도중에 스스로 사임했다.

탄핵은 그만큼 나라의 법과 정치제도가 안정적이라는 증거이기도 하다. 임기 중인 대통령이 법적 절차에 따라 심판을 받고, 그 결과에 따라 순순히 물러난다는 게 쉬운 일은 아니다. 예를 들어, 중국 인민대표자회의가 시진핑의 퇴진을 3분의 2의 찬성으로 결의한다고 해서 시진핑이 정말 물러나리란 보장이 없다. 결국 무력을 사용해 억지로 끌어내리는 수밖에 없다. 실제로 통치권자의 중도 퇴진은 이런 방식으로 이루어진 경우가 더 많았다.

지금으로부터 3,000년 전, 까마득한 옛날에도 탄핵 사례가 있었다. 자그마치 황하문명으로 소개되는 중국 상商나라 시절의 일이다.

당시 상나라의 왕은 태갑太甲이었다. 태갑은 상나라의 건국자 탕湯의 장자인 태정太丁의 아들이다. 그런데 탕왕은 임종 시 자신의 친구이자 든든한 조력자였던 재상 이윤伊尹에게 후사를 부탁한 바 있다. 이렇게 왕이 임종할 때 후사를 부탁하는 신하를 고명대신顧命大臣이라고 한다.

유명한 고명대신의 예를 들어 보면 유비劉備가 임종 시 후사를 부탁한 제갈량諸葛亮과 이엄李嚴, 세종대왕이 병약한 문종이 일찍 죽을 경우 어린 나이에 왕위에 오를 손자를 걱정하여 후사를 부탁한 성삼문과 신숙주, 문종이 어린 단종을 걱정하여 후사를 부탁한 김종서와 황보인 등이 있다.

모든 고명대신이 왕의 후손을 잘 보좌한 것은 아니다. 도리어 마음을 거꾸로 먹고 어린 주군으로부터 권력을 빼앗는 경우도 흔했다. 일본 전국시대의 마지막 최고 통치자 도요토미 히데요시豊臣秀吉의 고명대신 중 한 사람이었던 도쿠가와 이에야스德川家康는 권력을 빼앗는 정도가 아니라 도요토미 가문을 철저히 궤멸시켜 버렸다.

고명대신 역할을 충실히 이행하던 이윤은 걱정이 태산이었다. 태갑은 즉위 전부터 행실이 방탕하고 포악하기로 악명 높았기 때문이다. 태갑은 왕이 되자마자 탕왕이 세운 법을 마구 어기면서 악행을 일삼았고, 이윤은 태갑을 바로잡기 위해 온갖 방법을 다 썼다. 어떤 방법을 썼는지는 구체적인 기록이 남아 있지 않지만 어쨌든 백약이 무효하자 최후의 수단으로 신하들의 뜻을 모아 태갑을 동桐 땅으로 추방했다. 탄핵 소추가 일어난 셈이다. 태갑이 추방된 곳은 탕왕의 능이 있는 곳이었다. 선왕의 혼백이 태갑에게 가르침을 주기를 기대했던 것이다. 혹은 선왕의 능에서 뭔가 깨우침을 얻기를 기대했을 수도 있다.

태갑을 완전히 퇴위시킨 것은 아니기 때문에 이윤은 새 왕을 추대하는 대신 왕의 자리를 공석으로 두고 섭정 자격으로 대신들과 협의하여 나라를 다스렸다. 이 3년을 중국의 역사서에서는 '공화共和'라고 한다. 그렇게 3년간 공화가 이루어졌고, 태갑이 과거의 잘못을 충분히 뉘우쳤기 때문에 이윤과 신하들은 그를 다시 불러들여서 왕으로 추대했다.

이 사례는 반란이나 정변처럼 무력을 쓰지 않고 절차가 있는 토론을 통해 다수의 뜻을 모아 최고 통치자를 물러나게 했다는 점에서, 또 통치자가 이에 순순히 응했다는 점에서 오늘날의 탄핵 심판과 흡사하다. 3,000년 전의 일이니 역사상 가장 오래된 탄핵이라고도 할 수 있다. 하지만 완전히 퇴위시킨 것이 아니었고, 3년이 지난 뒤 다시 왕을 불러들였기 때문에 완전한 탄핵이라고 보기는 어렵다. 또 역사는 승자의 관점에서 쓰이기 때문에 이윤이 정말 도덕적인 문제 때문에 태갑을 물러나게 한 것인지, 아니면 일종의 권력 다툼인지는 확인하기 어렵다.

하지만 이러한 이윤의 사례는 이후 한·중·일 동아시아 역사에 중요한 선례를 남겼다. 백성들의 중론을 모아 왕이나 군주를 퇴위시키는 것이 정당하다는 근거가 된 것이다. 훗날 맹자孟子는 이를 '민심은 천심'이라 하며 고대 중국인들의 신앙이었던 천명사상과 결합시켰다. 왕은 하늘의 명을 받아서 임명되는데, 그 하늘의 명령은 백성의 마음으로 나타난다는 것이다. 그러니 백성들이 왕을 저버린다면 이는 하늘이 명령을 거둬들인다는 뜻이다. 이윤은 바로 이를 대행했던 셈이다.

이렇게 친절한 탄핵은 이윤의 사례가 마지막이었다. 왕이 아무리 개과천선해도 소용없었다. 이후의 탄핵심판은 재심 따위는 하지 않았고, 왕을 몰아내자마자 바로 새 왕을 옹립했다. 쫓겨난 왕은 목숨을 잃지 않으면 그나마 다행인 처지가 되었다.

가장 유명한 사례는 한漢나라의 재상 곽광霍光의 경우다.

곽광은 김일제金日磾, 상관걸上官桀과 함께 한무제의 고명대신 중

하나였다. 그런데 곽광은 이윤 같은 인물이 아니었다. 김일제가 죽자 남은 고명대신 곽광과 상관걸은 권력 다툼을 벌였다. 이 다툼에서 승리한 곽광이 명실상부한 한나라의 실권자가 되었다. 곽광은 자신의 손녀를 한무제의 아들인 소제少帝와 결혼하게 해 황제의 장인으로서 권세를 톡톡히 누렸다.

그런데 소제가 21세의 젊은 나이로 갑자기 붕어하고 말았다. 소제에게는 뒤를 이을 태자가 없었다. 결국 복잡한 족보 계산 끝에 창읍왕 유하昌邑王 劉賀가 제위를 이었다.

곽광으로서는 영 달갑지 않은 상황이었다. 소제가 조금만 더 오래 살아서 태자를 낳았다면, 자신은 황제의 장인에서 황제의 할아버지가 될 수 있었으니 말이다. 곽광은 매의 눈으로 창읍왕 유하를 노려보았다. 조금이라도 흠집이 있으면 끌어내릴 심산이었다. 그런데 어리석은 유하는 이를 알아채지 못했다.

『한서漢書』에 따르면 유하는 한마디로 온갖 방탕한 짓을 다 했다. 길을 가다가 부녀자를 희롱하는 정도는 일상생활이나 다름없었다.

심지어 장례가 끝나지 않아 소제의 시신이 아직 궁에 있는 상황인데도 북을 치고 노래를 부르며 술잔치를 벌였다고 한다. 더군다나 창읍왕 시절 함께 어울리던 부하 수백 명을 몰고 궁으로 들어왔다. 이들은 대부분 불한당 같아 행패가 이만저만이 아니었다. 유하는 이들에게 이런저런 관직을 마구 나누어 주었고, 중신들은 이 불한당들에게 권력이 넘어갈까 봐 전전긍긍했다.

중신들이 까무러칠 만한 일이 이어졌다. 여자들을 마구 희롱하던 유하가 선황인 소제의 후궁과도 잠자리를 같이한 것이다. 비록 직접적인 혈연관계는 아니라고 해도, 전임 황제와 후임 황제의 관계는 일종의 부자관계나 다름없다. 그러니 유하는 엄청난 패륜을 저지른 셈이다. 인륜이 무너진다는 것은 유교적 윤리에서는 세상이 무너지는 것과 같다.

하지만 아무리 황음무도하더라도 황제는 황제라 신하들이 저지할 수는 없었다. 많은 신하가 곽광에게 눈치를 보냈지만 곽광은 주저했다. 만약 유하를 끌어내리는 데 성공하면 권좌를 차지하겠지만, 만에 하나 실패한다면 삼족의 목이 달아날 판이다. 좀 더 확실한 세력이 필요했다. 곽광은 거기장군車騎將軍● 장안세와 승상 양창이 가세한 뒤에야 비로소 움직였다. 더구나 당시 황실의 최고 어른은 소제의 황후인 곽태후, 즉 곽광의 손녀였다. 21살 먹은 남편을 여의었으니 태후도 그 직위에 걸맞지 않게 겨우 17살에 불과했다. 중신들은 태후의 명을 받아 황제를 퇴위시키는 형식이 가장 합당하다고

● 한나라의 최고위직 장군. 한나라의 최고 장군은 대장군이며 그 아래 표기장군驃騎將軍, 거기장군이 있었다. 주로 황제의 친인척이 담당했다. 가장 대표적으로 유비의 의형제인 장비가 거기장군을 맡았다.

판단했고, 곽광은 손녀이기도 한 태후에게 이를 요구했다.

마침내 어린 태후가 다음과 같이 간단한 칙서를 내렸다.

"창읍왕이 너무 무도하여 황제의 위를 폐하노라."

이제 곽광은 대소 신료들을 소집하여 과감하게 말할 수 있게 되었다.

"태후의 명이 계셨다. 창읍왕 유하가 무도하여 황제의 위를 폐한다고 하셨다. 그러니 이제 나는 이윤의 고사에 따라 이를 이행하고자 하니 경들은 즉시 이를 집행하도록 하라."

황음무도한 유하를 위해 막강한 권력을 가진 곽광에게 반대할 사람은 없었다. 그뿐 아니라 거기장군 장안세가 칼 자루를 잡은 채 신료들을 노려보고 있었다.

마침내 신하들은 만장일치로 유하의 폐위를 결정했다. 그리고 즉시 유하에게 칙사를 보냈다.

"태후마마께서 황제폐하에게 즉시 납시라고 명하셨으니 명을 받잡기 바랍니다."

유하는 난폭하고 방탕할 뿐 바보는 아니었다. 태후가 밤중에 황제를 오라고 부를 경우는 황제를 퇴위시킬 때 외에는 없었음을 알고 있었다. 가지 않고 버텼다. 하지만 거기장군 장안세가 군대를 몰고 와서 거의 질질 끌고 가다시피 했다. 유하는 황제 지위를 박탈당하고 다시 '창읍왕'으로 불리게 되었으며, 즉시 궁을 떠나 임지로 가라는 명령을 받아야 했다. 황제 자리에 오른 지 27일 만의 일이다.

"신은 선제의 탁고대신˙으로서 이윤의 예를 따라……."

곽광은 시도 때도 없이 이윤을 인용했다. 하지만 곽광과 이윤의 탄핵은 그 동기와 전개 과정이 매우 다르다. 이윤은 태갑을 쫓아낸 뒤에도 스스로 왕위에 오르거나 다른 왕을 옹립하여 권력을 강화하지 않았다. 오히려 왕위를 비워둔 채 왕이 반성하기를 기다렸다. 반면 곽광은 유하를 황제 자리에서 완전히 몰아냈다. 이윤은 태갑이 정신을 차리자 다시 모셔 와서 왕으로 섬겼지만, 곽광은 유하를 몰아내고 새로 황제를 옹립했다.

곽광은 새로 옹립한 황제를 성심껏 섬긴 것 같지도 않다. 그는 새로 옹립한 황제인 선제宣帝를 마음대로 주무르다시피 하며 권력을 키웠다. 우선 스스로 대장군이 되어 천하의 병권을 장악했다. 그리고 막내딸을 새로 옹립한 황제의 황후로 삼게 했다. 곽광의 손녀가 태후인데 딸이 황후이니 조카가 시어머니 역할을, 고모가 며느리 역할을 하게 된 것이다. 황실 막장 드라마가 따로 없다.

선제는 이미 자신이 아무런 실권도 없는 허수아비나 다름없음을 알고 있었다. 선제가 내릴 수 있는 명령은 하나밖에 없었다.

● 임금이 숨을 거두기 전에 탁고(託孤. 고아의 장래를 믿을 만한 사람에게 부탁함)한 신하. 새로 등극하는 임금에게는 아버지와 같은 권위를 가진다.

"모든 일은 곽광에게 보고하여 처결하도록 하라."

이쯤 되면 곽광이 황제나 다름없었다. 곽광은 유하를 퇴위시킨 것을 이윤의 예를 따랐다고 말했지만 그 말을 믿는 사람은 별로 없었다. 오히려 후세에 나쁜 선례를 남겼다. 힘 있는 신하가 자신이 다루기 쉬운 임금을 옹립하기 위해 기존 임금에게 온갖 핑계를 다 붙여서 도덕적으로 문제 있는 사람으로 만든 뒤 "이윤의 예를 따라……"라고 말하며 몰아내는 일이 빈번했기 때문이다. 예를 들어, 후한의 세력가였던 동탁董卓은 강력한 라이벌인 원소袁紹를 견제하기 위해 원소와 가까운 소제少帝를 폐하고 자신이 조종할 수 있는 황제 헌제獻帝를 옹립했다. 동탁 역시 이윤과 곽광의 고사를 인용해 "황제가 암약하여 능히 그 소임을 다할 수 없으니 이윤과 곽광의 예에 따라 그 자리에서 물러나게 한다"라고 말했다. 물론 이 말을 믿는 신하들은 없었다.

개인에게는 불행,
인류에게는 행운

이릉의 재판

한나라 초기의 통치체제는 좀 기묘한 배경을 가지고 있다. 일단 한나라를 세운 고조高祖는 유교적 통치를 표방했다. 하지만 황제 본인부터 유교의 여러 예절을 간신히 따라할 수준이었을 뿐 유교 경전을 읽고 이해할 수 있는 인물은 아니었다. 결국 한나라 초기의 실질적인 통치 이념은 여전히 진나라와 마찬가지로 법가였다.

그래서 한나라 초기에는 검찰총장에 해당하는 정위正尉라는 관직이 상당히 막강한 권한을 휘둘렀다. 엄밀히 말하면 검찰총장 더하기 대법원장이다. 체포, 수사, 재판을 모두 담당했기 때문이다.

한나라 초기에는 이 정위들이 강직한 인물들로 채워져서 나라의 질서를 바로잡았다. 강직한 정위들은 황제가 아무리 뭐라고 해도 법대로 처리하는 고집 세고 얼음 같은 사람들이었다. 하지만 한나라 왕조가 자리 잡으며 황제의 권력이 강해졌고, 황제는 법 위의 존재가 되었다. 그래서 황제가 제멋대로 엉뚱한 판결을 내리는 재판이 종종 있었다.

첫 번째 조짐은 한나라 경제景帝의 황태자 시절에 있었다. 경제는 사촌 간인 오왕吳王의 손자와 장기를 두다가 마음먹은 대로 되지 않자 오왕의 손자를 장기판으로 때려 죽였다. 하지만 경제는 아무런 처벌을 받지 않았을 뿐만 아니라 사건 자체가 조용히 묻혔다.

한무제漢武帝는 그런 경제의 아들이다. 그 역시 아버지 못지않게 괄괄한 성격에 독선적인 인물이라 업적도 많았지만 문젯거리도 많았다. 이런 한무제의 재위 시기에 역사를 뒤흔든 사건이 일어났다. 바로 이릉李陵의 궐석 재판이다.

이 재판은 이릉이라는 장군이 당시 한나라의 가장 강력한 적국인 흉노에 항복했다는 소식이 전해지면서 시작되었다. 무제는 화가 머리끝까지 치밀어 이렇게 말했다.

"이릉이 어찌 이럴 수 있나? 내가 그를 아들처럼 아끼고 사랑했건만 이렇게 나를 배신할 수 있단 말인가?"

이릉은 단순한 무장이 아니었다. 무제가 매우 아끼고 사랑했던 무장이었다. 무제의 절친한 벗이자 형제와 다름없었던 이당호李當戶

의 아들이었기 때문이다.

이 사정을 이해하려면 이릉의 할아버지인 이광李廣까지 거슬러 올라가야 한다. 이광은 흉노와의 전쟁에서 맹활약한 명장이었다. 그런데 이광은 작전을 세우고 전략을 짜는 장수가 아니라 현장에서 병사들의 마음을 얻고, 그들을 잘 이끌어서 전투를 승리로 이끄는 야전형 장수였다. 이런 야전형 장수들은 아무래도 나이가 들면 전투력이 떨어지면서 예전 같은 기량을 발휘하기 어렵다. 또 전장에서 가장 수고를 많이 한 장수이기 때문에 나이가 들면 배려 차원에서 전방보다는 후방에 배치하거나 총사령관 곁에 두어 오랜 경험에서 우러나오는 조언을 건넬 수 있는 자리에 배치한다. 당시 한나라의 총사령관이었던 위청衛青(황후 위씨의 오빠) 역시 이광을 그런 식으로 활용했다. 하지만 위청이 물러나고 위황후의 조카인 젊은 곽거병霍去病이 총사령관이 되자 이광은 완전히 뒤로 밀려나게 되었다. 사실상 은퇴를 강요당한 셈이다.

이러한 처사에 불만을 느낀 이광은 노익장을 과시하려고 독단적으로 적진 깊숙이 쳐들어갔다. 하지만 도리어 흉노의 역습에 걸려 패전하고 무수한 손실을 입고 말았다. 원칙대로라면 군법에 따라 무거운 처벌을 받아야 했지만, 군법으로 재판을 받게 되었다는 사실 자체를 부끄럽게 여긴 이광은 사죄하는 의미에서 스스로 목숨을 끊었다. 병사들의 큰 존경과 사랑을 받았던 인물이기에 그의 죽음이 알려지자 한나라 군 전체가 슬픔으로 내려앉았다. 그리고 어느새 이광에게는 '비운의 장군'이라는 별칭이 붙었다. 곽거병은 당연히 이런 말이 듣기 싫었겠지만, 병사들의 사기를 위해 이광을 비극적인 영웅으로 만들 수밖에 없었다.

그런 이광의 아들인 이당호는 당연히 한나라에서 가장 아낌받는 젊은이가 되었다. 특히 무제와 나이도 비슷해서 둘은 친구, 아니 형제처럼 지냈다. 이당호는 아버지 이광이 무장이었기 때문에 그런 비참한 최후를 맞이했다고 생각하여 무장의 길을 걷지 않았다. 그런데 이당호가 그만 젊은 나이에 죽고 말았다. 무제는 몹시 슬퍼하며 이당호가 남긴 어린 아들 이릉을 궁에 데려와서 거의 키우다시피 했다.

이릉이 자라면서 뛰어난 무예와 용맹을 보이자 무제는 파격적인 인사로 젊은 이릉을 장군에 임명했다. 과연 이릉은 전쟁터를 누비며 흉노족에게 공포의 대상이 되었다. 총사령관 곽거병 역시 이광에 미안한 마음도 있고, 이릉이 워낙 용맹하기도 해서 중요한 작전마다 이릉을 선봉으로 삼아 흉노의 예기를 꺾었다.

흉노족은 눈엣가시 같은 이릉을 제거하려고 계략을 세웠다. 군량미 운송이라는 거짓 정보를 흘려서 이릉을 유인한 뒤 포위하여 섬멸하고자 한 것이다. 아니나 다를까, 곽거병은 이 정보를 믿고 이릉을 파견하여 흉노의 보급선을 끊어 버리려 했다. 대군 대신

5,000명의 날쌘 병사를 이끌고 출동한 이릉을 기다리고 있던 것은 보급부대가 아니라 8만에 이르는 대규모 기병부대였다.

그래도 이릉의 분전은 대단했다. 5,000명이 400여 명이 될 때까지 여러 날을 싸웠고, 첫날에만 5,000명이 넘는 흉노군을 살상했다. 그러나 중과부적으로 결국은 골짜기에서 독 안에 든 쥐가 되고 말았다.

"항복할 텐가, 아니면 너의 부하들을 모두 죽게 만들 텐가?"

흉노의 최후통첩이었다. 이릉은 부하들과 함께 죽을 것인지, 아니면 혼자 포로가 되는 조건으로 부하들의 퇴로를 열어 줄 것인지 고민하다 결국 후자를 선택했다. 흉노는 과연 이릉을 생포한 뒤 부하들을 풀어 주었다. 흉노의 선우(흉노족의 우두머리를 부르는 칭호)는 용맹하기로 소문난 이릉을 회유하여 부하로 삼으려고 협박도 하고 유혹도 했지만 이릉은 굳세게 버텼다.

그런데 무제의 귀에는 이릉이 흉노에게 자발적으로 항복했다는 잘못된 보고가 들어갔다. 무제는 격노하여 장안성에 남아 있던 이릉의 가족을 죽이거나 노비로 만들어 버렸다. 이번에는 이 소식이 이릉의 귀에 들어갔다.

"내가 이렇게 신의 없는 황제를 위해 절개를 지키고 있었단 말인가?"

이릉이 땅을 치며 눈물을 흘렸다. 그리고 마침내 흉노의 선우에게 정식으로 항복했다. 무제의 성급한 판단과 이릉 가족에 대한 잔인한 보복이 이릉을 흉노에게 항복하게 한 것이다. 흉노의 선우는 이릉이 항복하자 매우 기뻐하며 사위로 삼았다.

이 소식이 전해지자 무제는 더더욱 분노했다. 이미 이릉의 가족을 도륙해 놓았으니 화풀이를 할 대상도 없었다. 분이 풀리지 않은 무제는 당사자인 이릉이 없는 상태에서 이릉의 죄를 묻는 국문을 시작했다. 일종의 궐석 재판인 셈이다.

대신들이 덜덜 떨며 불려 왔다. 마치 중국의 문화혁명 당시 인민재판처럼 대신들은 그 자리에 없는 이릉을 꾸짖고 성토했다. 그런데 한 신하가 대담하게 이릉을 변호하고 나섰다. 태사* 벼슬을 하고 있던 사마천司馬遷이었다. 더군다나 사마천은 이릉과는 일면식도 없는 사이였다. 그럼에도 이릉에게 죄를 묻는 것이 부당하다고 생각했기에 용감하게 나선 것이다. 사마천은 이렇게 이릉을 변호했다.

이릉은 부모를 섬기는 것이 효성스러웠고, 병사들과는 신의를 지켰으며, 항상 분발하여 자기 몸을 돌보지 않고서 나라의 위급함에 종사하며 국가의 선비라는 기풍을 마음속 깊이 새기고 있었습니다. 이번 거사에서 한 번 불행하였으나, 자신의 몸을 온전히 하고 처자를 보존한

● 태사령太史令. 문학과 역사. 천문과 역법 등을 연구하여 황제에게 자문하는 관직.

신하들이 그 단점을 부풀려서 매도하니 진실로 슬픈 일입니다. 이릉은 5천도 안 되는 보졸을 이끌고 오랑캐의 땅 깊숙한 곳까지 쳐서 오랑캐는 죽은 자를 구하고 다친 자를 부축하기에 겨를이 없었다 합니다. 이에 활을 쏠 수 있는 백성을 다 동원하여 그를 에워싸고 공격하였는데도 이리저리 싸우면서 천 리를 돌아오다가 화살도 다하고 길이 막힌 가운데 병사들은 빈 활만 당길 지경이 되어서도 적과 죽기를 각오하고 싸웠으니, 그 어떤 명장이라 하여도 더 나을 수 없을 것입니다. 그러다 몸은 비록 함락되어 패하였지만, 그가 해낸 일도 족히 천하에 드러났습니다. 그가 죽지 않은 것은 마땅히 한에 보답하기 위함일 것입니다.

무제의 분노가 극도에 이르렀다.

"무슨 말을 하는 것이냐? 다시 말해 보라. 그러니까 이릉은 죄가 없단 말인가?"

사마천은 물러섬 없이 말했다.

"황송하오나 이릉은 병사들의 목숨을 구하고자 포로가 된 것이지 진심으로 흉노에게 투항한 것은 아니었습니다. 그런데……."

"오호라, 그런데 짐이 그의 식솔들을 벌하니까 투항하여 흉노의 사위가 되었다? 그러니까 결국 짐의 잘못이란 말이더냐?"

무제의 분노가 폭발했다.

"당장 저놈에게 임금을 능멸한 죄를 물어 참형에 처하라!"

대신들의 얼굴이 새파랗게 질렸다.

"폐하, 그것만은……."

"폐하, 목숨만은 살려 주소서."

신하들이 달려들며 사마천의 목숨을 대신 빌어 주었다. 그러자 무제의 얼굴에 다소 잔혹한 미소가 피어올랐다.

"좋다. 다들 목숨만은 살려 주라 하니 짐이 특별히 자비를 베풀겠다. 목숨을 살려 주는 대신 궁형을 받을 테냐, 아니면 참형을 받을 테냐?"

궁형은 남성의 외생식기를 잘라내는 형벌이다. 즉, 거세하겠다는 뜻이다. 거세당하고 살아남을 것이냐, 아니면 죽을 것이냐. 이를 마치 자비라도 베풀 듯이 선택지로 던져 준 것이다. 이럴 경우 대부분의 사대부는 치욕을 당할 바에야 차라리 죽겠다며 참형을 택한다.

그런데 놀랍게도 사마천은 궁형을 받고 살아남는 쪽을 택했다. 사마천이 궁형을 선택하자 지금까지 그를 옹호하던 대신들이 싸늘하게 돌아섰다.

"선비는 죽을지언정 치욕을 당하지 않는다고 했거늘."

"에잇, 목숨이 그리 아까웠던가? 명예를 모르는 자 같으니라고."

"저렇게 살아남아서 뭐 하려고, 하찮은 인간 같으니라고."

이런 식의 비난과 뒷담화가 난무했다. 그러나 사마천은 굴하지 않았다. 그에게는 설사 치욕을 당할지라도 목숨을 지켜야 할 이유가 있었다. 바로 그의 아버지가 다하지 못하고 물려준, 그때까지의 중국의 모든 역사 문헌과 기록을 연구하고 정리해 체계적이고 정확한 역사책을 쓰는 일이었다. 이 책은 비단 역사적 사실에 대한 기록일 뿐 아니라 도덕적 가치를 담아 후세를 위한 경계가 되어 주어야 했다.

사마천은 공자가 역사서 『춘추春秋』를 쓰자 천하의 간사하고 사악한 무리들이 모두 두려워했다는 말을 좋아했다. 사실이야말로 가장 강력한 무기이자 사악한 자들에게 보내는 가장 강력한 경고이고, 임금에게 주는 가장 위력 있는 충고이다. 하지만 이 일은 목숨을 잃어버리면 할 수 없다.

궁형을 받은 덕분에 사마천은 사대부들과의 교류가 끊어졌다. 덕분에 정치에도 인간 관계에도 신경 쓰지 않고 모든 시간을 연구에 쏟아부을 수 있게 되었다. 그리하여 마침내 인류의 귀중한 유산인 『사기史記』가 탄생했다. 비슷한 시기 서양의 역사서인 헤로도토스Herodotos의 『역사』와 비교해 보면 사마천의 『사기』가 얼마나 위대한 저작인지 알 수 있다. 헤로도토스의 『역사』가 여전히 신화와 역사 사이의 애매한 이야기들을 많이 수록한 반면, 사마천의 『사기』는 현실적이며 고증된 내용들만 엄선하여 수록하였다. 또 같은 시대 다른 역사책들이 주로 연대기 순으로 이야기를 나열한 반면, 사마천의 『사기』는 왕의 행적을 기록한 '본기本紀', 제후의 행적을 기록한 '세가世家', 주요 인물들의 전기를 모은 '열전列傳' 각종 제도를 정리한 '서書' 등 주제를 중심으로 하여 체계적으로 역사를 정리했다.

만약 사마천의 『사기』가 없었다면 우리는 한나라 이전의 중국 역사를 제대로 알 수 없었을 것이다. 흥미진진한 춘추전국시대의 이야기도 제대로 남아 있지 않았을 것이다. 또한 이후 줄지어 등장하는 반고班固의 『한서漢書』, 진수陳壽의 『삼국지三國志』, 사마광司馬光의 『자치통감資治通鑑』 같은 역사서도 오늘날과 같은 모습이 아니었을 것이다.

이렇게 보면 사마천에게 궁형을 내린 한무제는 후세 인류를 위해 참으로 큰일을 한 셈이다. 사마천 개인에게는 불행이지만 인류에게는 크나큰 복이 된 것이다. 그리고 이릉이 없는 상태에서 치러진 궐석 재판은 비유적인 의미에서의 역사적인 재판 정도가 아니라 그야말로 '역사'를 만든 재판이라고 할 수 있다.

동아시아의
역사를 바꾸다

왕안석의 탄핵

1074년 송宋나라 신종神宗 때의 일이다. 허베이湖北 지역에 가뭄이 극심하여 엄청난 피해가 발생했다. 걱정이 하늘까지 쌓인 신종에게 상소문이 빗발쳤다. 신종은 혹시 가뭄 문제를 해결하고 이재민들을 도울 수 있는 묘안이 없을까 싶어 상소문들을 뒤져 보았다. 그런데 상소문들의 내용은 영 엉뚱했다. 내용은 조금씩 달랐지만, 모두 이렇게 요약 가능했다.

본디 군주가 덕을 닦지 않고, 어진 자를 멀리하고 사특한 자를 가까이 하면 하늘이 재앙을 내려 벌한다 하였습니다. 오늘의 이 가뭄은 황상께서 올바른 법을 고쳐서 비롯된 것이며, 신법新法에 대한 하늘의 노함이 이에 이른 것입니다. 그러한즉 신법을 만든 재상 왕안석을 물리치시고 죄를 주시면 자연히 이 재앙은 물러날 것이옵니다.

한마디로 신종이 왕안석王安石의 말을 들으니 자연재해가 일어났다는 것이다. 자연재해를 고위직의 도덕 문제와 연결 짓고, 재상을 해임함으로써 해결한다는 게 근대적 관점에서는 황당한 일이다. 그러나 천 년 전 유교 사회에서는 매우 상식적인 주장이었다.

천지인天地人이라는 말이 공연히 나온 게 아니다. 인人이 잘못되면 천天도 잘못되는 것이다. 따라서 임금의 역할은 사람들이 바른길을 벗어나지 않아 하늘을 노하지 않도록 이끄는 도덕적 책무에 있다. 만약 임금이 그러한 책무를 다하지 않아 사람들이 바른길을 벗어나게 되면 하늘이 분노하여 벌을 내리는데, 그 벌은 자연재해의 형식으로 나타난다.

그래서 『논어』에 보면 천둥 번개가 칠 때 공자의 낯빛이 바뀌었다고 한다. 천둥 번개가 친다는 것은 자연재해가 일어날 수 있다는 신호이다. 이는 사람들, 특히 군주와 그 신하들이 도에서 벗어난 행동을 했다는 뜻이며, 공자 자신도 군주의 신하인 대부 신분이었기 때문이다.

재해를 당하는 입장에서 볼 때는 상당히 억울할 수 있다. 잘못은 임금과 그 주변 사람들, 즉 고위층이 저질렀는데 왜 그 벌을 백성들이 받느냐는 것이다. 게다가 이 벌은 효과도 별로 없다. 선량한 임금이라면 백성들이 자연재해로 고통받는 것을 보고 가책을 느끼겠지만, 사악한 임금이라면 눈 하나 깜짝하지 않을 것이기 때문이다. 즉, 벌을 받아야 할 이유가 많은 임금일수록 그 벌의 효과가 적다. 자연재해를 빌미로 임금더러 "당신 잘못이다"라고 말하기도 어렵다. 자칫하면 삼족이 몰살당하는 수가 있기 때문이다. 그래서 임금의 가장 가까운 신하를 비난하는 편법을 쓴다.

"왕안석을 파직하소서!"

이 말은 신종에게는 사실상 자신을 탄핵하라는 것이나 다름없었다. 애초에 왕안석을 중용하고 재상에 임명한 것이 신종 자신이기 때문이다.

결국 왕안석은 간사한 말로 임금을 꼬드겨 나라를 어지럽게 만들었다는 오명을 뒤집어쓴 채 쫓겨나고 말았다. 몇몇 권력자가 아니라 수많은 사대부의 상소문이 빗발쳤으니, 요즘 식으로 말하면 대규모 촛불집회가 연거푸 열린 것이나 마찬가지인 셈이다. 그야말로 탄핵이다.

당시 왕안석 탄핵에 앞장섰던 인물은 유명한 유학자이자 역사학자인 사마광司馬光이다. 그는 왕안석 개인에 대한 감정보다는 왕안석이 실시한 개혁, 즉 신법에 대한 증오가 격렬했다. 사마광이 임종

할 때 마지막으로 남긴 말이 "신법이 아직도 남아 있느냐?"였을 정
도였다고 하니 그 증오의 정도를 짐작할 수 있다.

그렇다면 왕안석은 어떤 인물이며, 그가 만든 신법은 어떤 법
일까?

왕안석은 북송시대의 정치인이자 문장가이다. 당송팔대가唐宋八大
家 중 한 사람으로 불릴 정도로 시문에 능했다고 한다. 정치적으로
또 문학적으로 매우 뛰어난 인물이었음에 틀림없다.

그가 살았던 시대는 송나라가 주변 민족들의 압박 때문에 감히
중화中華라고 부를 수 없을 정도로 위축되었던 시절이다. 물론 스스
로 '대송'이라고 칭했지만 스스로 '대大' 자를 붙이는 나라가 주변에
너무 많았다.

우선 북쪽에는 거란족이 강성해지면서 발해를 멸망시킨 뒤 '대
요'를 자처하며 스스로 황제의 나라 칭했다. 황제란 주변 나라 임
금들로부터 조공을 받는 임금 중의 임금이라는 뜻이라 송과 요 둘
중 하나는 조공을 바쳐야 했다. 결과는 송이 요에게 조공을 바치는
것이었다. 명목은 일종의 '원조'였지만, 엄청난 양은 누가 봐도 상납
이었다.

● 당나라와 송나라의 산문작가 여덟 명의 총칭.

그런데 이번에는 서쪽에서 위구르족이 서하西夏라는 나라를 세웠다. 서하는 송의 국경을 자주 침범해 두 나라 사이에 전쟁이 일어났다. 7년간 계속된 전쟁에서 송은 싸우는 족족 패하고 요의 주선으로 화의를 맺었다. 전쟁을 중단하는 조건으로 송이 서하에게 해마다 비단 13만 필, 은 5만 냥, 차茶 2만 근이라는 엄청난 물량을 바치기로 약속했다. 이 강화조약을 주선한 요에게도 엄청난 양의 비단과 은을 일종의 수수료로 지불했다. 경제력에 비해 군사력이 허약했던 송의 어쩔 수 없는 선택이었다. 이제 송나라는 누가 봐도 황제의 나라가 아니었다. 결국 주변의 고려, 토번(티베트), 대리(오늘날의 윈난성)까지 저마다 황제의 나라를 자처하며 송과 대등한 외교 관계를 맺었다.

이렇게 동쪽의 요, 서쪽의 서하의 압박에 시달리다 보니 송은 나라 살림의 80퍼센트를 국방비에 쏟아부어야 했다. 더구나 이렇게 막대한 국방비를 쏟아부었지만 부패한 관료들의 횡령이 빈번해 막상 군대 자체는 엉망진창이었다는 점이 더욱 쓰라렸다.

대외적으로 망신을 당할수록 황실은 백성들 앞에서 위엄을 과시하기 위해 으리으리한 행사를 벌여서 국고를 탕진했다. 과거 시험도 3년마다 꼬박꼬박 치렀는데, 합격자 수를 제대로 관리하지 못해 필요한 인원보다 훨씬 더 많은 합격자가 누적되었다. 이들을 마냥 방치할 수 없어서 이런저런 명목의 관직을 주다 보니, 관료 기구가 비정상적으로 비대해지면서 국고를 압박했다.

이 모든 상황은 농민들이 더 많은 세금을 내야 한다는 것을 의미한다. 결국 세금을 견디지 못한 농민들은 땅을 처분할 수밖에 없었는데, 이런 땅은 몇몇 사대부와 귀족 들의 손아귀에 들어갔다. 이들은 땅을 잃은 농민들을 소작농으로 부리면서 막대한 부를 축적했다.

문제는 사대부와 귀족은 세금을 내지 않았다는 것이다. 따라서 이들의 땅이 늘어날수록 황실에 들어오는 세금은 줄어들었다. 물론 황실은 세금을 덜 걷을 생각은 추호도 없었으므로 농민 한 사람당 내는 세금을 올렸다. 그러면 그들마저 몰락하여 소작농이 되고, 또 남아 있는 농민의 세금 부담은 늘어나는 악순환이 계속되었다. 질서가 무너졌고, 농민들은 곳곳에서 반란을 일으켰다. 소설 『수호지水滸誌』가 바로 이런 상황을 잘 보여 주고 있다.

왕안석은 이런 현실을 개탄했다. 인종仁宗에게 과감한 개혁을 요구하는 장문의 상소를 올렸지만 채택되지 않았다. 그런데 인종이 예상보다 빨리 붕어하고 신종이 등극했다. 신종은 겨우 열아홉 살에 황제가 되었다. 젊은 황제는 왕안석의 개혁안에 적극적으로 찬동했다. 그리하여 왕안석은 신종의 부름을 받아 재상의 자리에 올랐다. 왕안석은 1069년부터 1074년까지 5년간 과감한 개혁을 실시했는데, 이를 일컬어 '신법'이라고 한다. 그리고 왕안석의 개혁을 지지하는 세력을 '신법당'이라 불렀다.

왕안석의 신법은 다음 세 가지 목표를 가지고 추진되었다.

❶ 피폐해진 국가의 재정난을 극복한다.
❷ 대지주와 대상인의 횡포로부터 농민과 중소 상인 들을 보호 육성
   한다.
❸ 부국강병을 이뤄 요와 서하의 압박으로부터 벗어난다.

구체적으로 보면 다음과 같은 새로운 법이 만들어졌다.

❶ 균수법: 나라가 각 지방의 물자를 사들여 이를 다른 지방에 판다.
   천하의 산물들이 골고루 여러 지방에서 쓰이기 때문에 만드는 쪽이
   나 쓰는 쪽이나 이익을 얻는다. 그리고 상품들이 늘 유통되고 있기
   때문에 단기적인 가격 급등이나 폭락을 방지할 수 있다. 따라서 짧
   게는 나라가 유통 과정에서 걷어 들이는 이윤으로 부유해지며, 길
   게는 나라의 경제가 활발하고 안정적이게 된다.
❷ 청묘법: 나라에서 농민들에게 낮은 이자로 농사에 필요한 자금을
   빌려준다.
❸ 보갑법: 일종의 상설 예비군 제도다. 10가구를 1보로 편성하고,
   5보를 1대보, 10대보를 1도보로 편성한다. 평소에는 각 보당 일정
   수의 장정들을 징집하여 훈련을 하며, 전시에는 이 보 단위로 부

대를 편성하여 관군을 지원하도록 한다.

❹ 시역법: 나라에서 자본이 적은 상인들에게 돈을 빌려주어 대상인들이 이익을 독차지하는 것을 막고 국가 수입을 늘린다.

❺ 모역법: 병역이나 부역을 면제받았던 사대부들에게 역을 면제받는 대신 돈을 내도록 한다. 나라는 이 돈을 가지고 실업자들을 고용하여 역을 면제받은 사람들을 대신하도록 한다.

❻ 보마법: 백성에게 말을 기르게 하여 전쟁이 일어나면 군마로 쓰도록 한다.

오늘날의 눈으로 보면 모두 괜찮은 정책들이다. 결국 나라의 수입을 늘리고, 농민과 소상인의 이익을 보호하고, 국방을 강화하는 정책들이 아닌가? 그런데 이 목표가 기존 정치세력들, 통칭 '구법당'의 격렬한 반대에 부딪친 까닭은 표면적으로는 그 목적을 부국강병에 두었기 때문이다.

중국의 전통적인 통치 이념인 유교는 정치의 목적을 부국강병에 두지 않았다. 유교에서 정치의 궁극적인 목적은 임금과 신하와 백성이 모두 조화를 이루어 인의예지仁義禮智가 이루어지는 도덕공동체를 이루는 것이다. 이러한 도덕공동체를 이루면 부국강병은 저절로 이루어지지만, 부국강병 그 자체를 목적으로 삼으면 나라의 덕이 땅에 떨어져 결국 천하가 어지러워진다. 그래서 맹자는 "왕께서는 어찌하여 이득을 말씀하십니까? 오직 인과 의가 있을 뿐입니다"라고 일갈했던 것이다.

하지만 이는 표면적인 이유에 불과했다. 당시 송의 많은 사대부가 겉으로는 "인과 의가 있을 뿐입니다"라고 말했지만, 실제로는 '오직 이익이 있을 뿐이다'라고 생각하고 있었기 때문이다. 그들이 왕안석을 증오한 실질적인 이유는 신법이 사대부와 귀족의 이익을 침해했기 때문이다. 그렇다면 신법 가운데 그들의 이익을 침해하는 법은 무엇이었을까? 바로 청묘법과 모역법이다.

청묘법은 요즘 식으로 말하자면 국영 은행이 서민 금융을 담당하겠다는 것이다. 그런데 당시 귀족과 사대부는 가난한 농민을 상대로 고리대금업을 했다. 돈을 갚지 못하면 땅을 빼앗는 방식으로 토지를 넓혔다. 청묘법은 바로 이 수익 사업을 근본적으로 차단하는 제도였다. 모역법은 더 심각했다. 역은 몸으로 내는 세금으로, 병역, 부역과 같이 국가가 요구하는 일을 해 주는 것이다. 당시 귀족과 사대부에게는 이 역이 면제되어 있었다. 하지만 모역법은 귀족과 사대부가 역을 당연히 면제받는 것이 아니라 돈을 내고 면제받는 것으로 바꾸었다. 그리고 그 돈으로 실업자를 고용하여 대신 역을 수행하게 했다. 이렇게 되면 귀족과 사대부가 군대에 안 가는 대신 돈을 내 직업군인을 고용하는 결과가 되어 자연스럽게 국방력도 강화되게 되어 있다.

청묘법은 수익 사업을 제한하는 것이며, 모역법은 당연히 안 가던 군대를 돈으로라도 책임지게 하는 법이다. 덜 벌게 하고 더 쓰게 만드는 셈이니 반발이 클 수밖에 없었다. 그 반발이 얼마나 컸는지 왕안석의 오랜 동료였던 구양수歐陽脩조차 돌아섰다. 구양수는 나라 정치의 당면 과제가 인의예지가 아니라 부국강병이라는 취지에는 동조했지만, 막상 그 부국강병을 위해 주머니의 돈을 내놓으라고 하자 바로 돌아서 버렸다.

신분이 높을수록 반대파가 늘어났고, 반대파의 정점에는 신종 황제의 어머니인 황태후가 있었다. 황태후가 반대파의 정점에 선 이유는 황태후의 친정이 당시 가장 강하고 부유한 귀족 대지주 가문이었기 때문이다.

이렇게 황태후를 중심으로 기득권층에 속해 있거나, 유교적 통치이념을 고수하려 했던 구법파 관료들이 뭉쳐서 끈질기게 왕안석 퇴진 운동을 펼쳤다. 이들 구법당의 당수는 그 안에서 어쩌면 몇 안 되는 '순수한' 유교 정통파라고 할 수 있었던 사마광이었다.

이들은 사사건건 유교 이념을 근거로 왕안석의 신법이 얼마나 인의예지에서 벗어나는 것인지 따졌다. 이때는 신종이 무시하며 버틸 수 있었다. 하지만 이들이 이렇게 천재지변을 이유로 들면서 강하게 압박하자 신종도 어쩔 수 없었다.

하지만 신종은 그리 만만한 사람이 아니었다. 젊고 고집도 있었던 신종은 왕안석이 관직에서 물러난 뒤에도 꾸준히 신법을 추진했다. 요즘 말로 하면 "탄핵이 목적이지 개헌을 하자는 것은 아니지 않느냐?"에 해당된다. 신종이 이렇게 말하는 것 같았다.

"너희가 원하는 대로 왕안석을 파면했다. 하지만 이 법들은 짐이 재가한 것이니 왕안석의 법이 아니라 짐의 법이다."

이리하여 왕안석의 신법은 왕안석이 탄핵된 다음에도 신종의 재위 기간 동안에는 꾸준히 추진되었다. 그러나 신법당에는 왕안석 외에는 인물이 없었기 때문에 점점 세력이 약해졌고, 신법당 자체도 분열되었다. 그러다 1085년 신종이 세상을 떠나자 사실상 신법은 소멸되고 말았다.

신종이 죽자 황태후는 오매불망 기다렸던 일을 해치웠다. 사마광을 재상으로 등용한 것이다. 사마광은 재상이 되자마자 기다렸다는 듯이 신법들을 마구 폐지했다. 하지만 사마광도 얼마 지나지 않아 세상을 떠나고 말았다.

사마광마저 죽자 신법당과 구법당의 대결은 신법과 구법은 온데간데없이 사라지고 단지 당파 대 당파의 싸움으로 전락했다. 감정 대립이자 이권 다툼이 되어 버린 것이다.

결국 송나라는 국력을 회복할 마지막 기회를 상실하고 끝없는 당파 싸움의 나락으로 빠져들어 완전히 종이호랑이가 되어 버렸다. 결국 여진족에게 장강長江 이북의 영토를 빼앗겨 강남 지방으로 쫓겨 가는 신세가 되었다.

송의 몰락은 중국만의 문제가 아니었다. 어쨌든 명목상이나마 중원을 차지하고 있던 황제의 나라가 몰락하자 동아시아 전체가 일종의 춘추전국시대처럼 되었다. 거란, 여진, 몽골 같은 북방 유목민족들이 마치 고삐 풀린 말처럼 들고일어났다. 그리고 이렇게 들고일어난 북방 민족들은 모두 고려를 압박했다.

거란은 세 차례나 고려를 침략해 혈전을 벌였다. 여진 역시 고려를 계속 압박했고, 결국 고려는 여진이 세운 금과 형제의 나라가 되어 아우 역할을 맡아야만 했다. 몽골은 39년간이나 고려를 공격해 결국 신하의 나라로 전락하게 만들었다. 그런 점에서 왕안석의 탄핵은 비단 중국의 역사뿐 아니라 우리나라의 역사도 크게 바꾸어 놓은 사건이다.

오늘날 중국은 베이징을 중심으로 하는 북부 지방과 홍콩을 중심으로 하는 남부 지방의 말이 너무 달라서 의사소통이 어려울 정도라고 한다. 이렇게 북쪽과 남쪽의 말이 크게 달라진 원인도 굳이 끼워 맞춰 보자면 왕안석의 탄핵에 있다고 할 수 있다.

송이 고유의 중국어를 유지한 채 장강 이남으로 밀려나고, 장강 이북은 여진족, 그리고 곧 이어 몽골족의 언어와 융합될 수밖에 없었기 때문이다. 그래서 오늘날 베이징 지역의 발음은 우리나라에서 사용하는 한자 발음과 상당히 다르지만 홍콩 등 광저우 지방이나 하카客家 인들의 발음은 우리식 한자 발음과 꽤 비슷하다. 우리식 한자 발음이 북방 민족의 언어와 섞이지 않은 원판 중국어 발음에서 비롯된 것이기 때문이다. 이래저래 왕안석의 탄핵은 역사에 많은 그림자를 남긴 사건이라고 할 수 있다.

● 주로 중국 광저우 북부에 사는 한족의 일파를 말한다. 동남아시아 각지에 퍼져 있다.

3장

조선시대의
재판

우리나라는 잦은 외침으로 역사 기록을 많이 잃어버렸다. 삼국시대나 고려시대에 작성된 기록은 거의 남아 있지 않고, 불행 중 다행으로 조선시대의 기록은 많이 남아 있다. 조선은 가히 기록의 왕국이라고 불릴 만큼 꼼꼼하고 상세한 기록을 남겼는데, 재판에 대한 기록도 매우 많다.

조선은 당시 세계에서 보기 드문 법치국가였다. 임진왜란 당시 도원수였던 권율 장군이 직위 해제된 적이 있었는데, 그 이유가 놀랍다. 탈영병을 허가 없이 죽였기 때문이다. 조선시대를 다룬 영화나 드라마에서 장군이 "물러서지 마라! 물러서는 자는 참하리라!" 하고 외치다가 겁먹고 도망가는 병사를 쓱 베어 버리는 장면을 심심찮게 볼 수 있지만, 조선은 그런 사회가 아니었다. 아무리 전쟁 중이라고 하더라도, 또 총사령관인 도원수라 하더라도 탈영병을 잡았으면 상부에 보고하고 절차에 따라 처벌해야지 즉결 처형하면 징계를 받는 나라였다.

법치가 이루어지고 있었던 나라인만큼 조선시대에는 재판이 흔하게 이루어졌다. 다만 오늘날과 같은 삼권 분립의 개념은 없었고, 사법기관과 행정기관의 경계가 모호했다. 의금부와 형조는 사법기관이며 각 도와 부주군현은 행정기관이라고 할 수 있지만 한성부 판윤, 각 도의 관찰사 및 군과 현의 수령이 오늘날로 치면 지방법원의 역할을 담당하기도 했다.

다만 사법관이 아닌 행정관이 재판을 담당함으로써 발생할 수 있는 문제를 방지하기 위해 재판 결과에 불만이 있으면 형조에서 재심(당시 용어로는 복심)을 받을 수 있었다.

나는 노비가
맞습니다

노비 다물사리 소송*

　조선시대의 재판 중 재미있는 사례는 대체로 민사 재판에서 나온다. 성문화된 법이 별로 없어서 개인 간의 다툼은 행정관의 재량이 적용될 여지가 많았기 때문이다. 그래서 지방 수령의 재치가 반영된 재미있는 판결이 많이 나왔다. 그중 노비 다물사리 소송은 조선시대 민사 재판의 백미로 꼽힌다.

　이 재판의 주인공은 김성일, 흔히 학봉 선생으로 널리 알려진 그

● 여기에 소개한 사례는 『나는 노비로소이다』(임상혁, 너머북스, 2010)를 쉽게 재구성한 것이다.

김성일이다. 김성일의 인상은 꼬장꼬장한 선비 혹은 다정다감한 남편이지만, 실제로는 꼼꼼한 판결로 유명한 명재판관이자 수사관이기도 했다. 사건을 얼마나 꼼꼼하게 살핀 뒤 판결을 내렸는지, 그가 내린 판결에는 재심 신청이 거의 없었다고 한다.

이런 김성일이 접수된 소장을 읽다가 이맛살을 찌푸렸다. 나주 목사로 있을 때였다.

"또 노비 소송이란 말인가?"

김성일뿐 아니라 당시 지방 수령들에게 노비 관련 재판은 지긋지긋할 정도로 많았다. 거의 날마다 있었다 해도 과언이 아니었다. 그럴 수밖에 없었다. 흔히 노비라고 하면 양반 집에서 이런저런 심부름을 하는 마당쇠를 떠올리겠지만, 당시 노비의 규모는 상상을 초월했다. 청렴한 학자 이미지를 가진 퇴계 이황만 해도 4개 군에 걸친 넓은 농지를 300여 명의 노비를 시켜 경작하고 있었다. 그리고 당시 기준으로 볼 때 이황은 분명 청빈한 축으로 양반 중에서는 중하층에 속했다. 그러니 당시 얼마나 많은 노비가 있었는지, 그리고 노비를 두고 얼마나 많은 다툼이 있었는지 짐작하기란 어려운 일이 아니다.

이번에 들어온 사건은 이지도라는 양반이 다물사리라는 노비를 상대로 낸 소송이었는데 내용이 엉뚱했다.

"자신이 노비라고 주장하는 다물사리가 사실은 양인입니다."

이게 원고의 주장이다.

"참으로 해괴한 사건이로다."

김성일이 고개를 설레설레 흔들었다.

"본시 노비는 자신을 양인이라 주장하고, 주인은 오히려 노비가 절대 양인이 아니라고 주장하는 것이 세상의 순리이거늘. 저 나이 많은 여인은 자신이 양인이 아니라 노비라고 우기고 있고, 도리어 주인이 저 여인이 노비가 아니라 양인이라고 우기고 있으니 이게 대체 어찌된 일이란 말인가?"

김성일은 우선 사건을 거슬러 올라가 보았다.

❶ 이지도가 윤필이라는 남자 종을 상속받았다. 노비는 재산이었기 때문에 토지와 마찬가지로 상속과 증여가 가능하다.

❷ 윤필이 다물사리(당시 13세)와 혼인하여 딸 인이를 낳았다. 이지도의 주장에 따르면 윤필과 혼인할 당시 다물사리는 노비가 아니라 양인이었다.

❸ 다물사리가 낳은 딸 인이는 나중에 구지와 혼인하여 2남 4녀를 낳았다. 그런데 조선 법에 따르면 부모 중 하나가 노비면 그 자녀도 노비다. 따라서 다물사리가 양인이라도 윤필이 노비이기 때문에 그 딸 인이는 노비다. 그리고 인이가 구지와 혼인하여 낳은 여섯 자녀 역시 구지의 신분이 무엇이든 노비다.

❹ 결국 이지도의 주장에 따르면 윤필, 인이, 그리고 인이가 낳은 여섯 아이들은 모두 노비이기 때문에 이지도의 재산이다. 그래서 이지도는 이미 그들을 노비로 부리고 있는 중이었다.

❺ 그러던 중 윤필이 죽었다. 그리고 다물사리는 이지도의 집에서 나가 인이의 집에서 살고 있었다.

❻ 그렇게 세월이 지나던 중 다물사리가 느닷없이 이렇게 주장했다. "소인은 본디 양인이 아니라 성균관 노비 길덕의 딸입니다. 그러니 저 역시 노비입니다."

다물사리의 느닷없는 주장에 이지도는 펄쩍 뛰며 전라도 관찰사에게 소송을 제기했고, 전라도 관찰사는 나주목사 김성일을 소송관으로 삼아 재판을 진행하도록 한 것이다.

사건을 한참 검토한 김성일이 마침내 입을 열었다.

"우선 원고의 주장을 들어보겠소. 원고는 어째서 자신을 노비라 주장하는 여인이 노비가 아니라 양인이라고 하는 것이오? 그 반대의 경우는 많이 봤지만 이런 경우는 별로 보지 못했소이다."

그러자 이지도는 이렇게 주장했다.

"저기 저 다물사리는 본래 양인입니다. 제 조부께서도 확인해 주실 것입니다. 다물사리는 저희 집안이 어려움에 처한 틈을 타 몰래 성균관에 가서 스스로 양인 신분을 버리고 노비가 되어 돌아왔습니다. 조선의 법도에 따르면 나라에 죄를 짓지 않는 한 양인이 아무런 까닭 없이 노비가 될 수 없습니다. 그런데 제멋대로 노비가 되어 왔으니 이건 무효입니다. 저 할멈은 틀림없는 양인입니다."

그러자 다물사리가 반박했다.

"천부당만부당한 말씀입니다. 소인은 틀림없는 성균관의 노비입니다. 소인의 어미 길덕이 본디 성균관의 노비입니다. 그런데 어찌 소인이 양인이 되겠습니까? 저 이지도 나으리의 집안에서 욕심이 있어 억지로 소인을 양인으로 만들었던 것입니다."

김성일이 고개를 가로저었다.

"그 말이 참으로 이상하다. 이지도의 집안이 욕심을 부리는 것이라면 양인을 억지로 노비로 삼아 부리는 것이 상례에 맞는 일이다. 그런데 지금 노비를 양인이라 주장하고 있는데 어째서 욕심이 많다고 하는 것이냐?"

"사또, 소인 같은 늙은 할멈을 노비로 두어 무엇 하겠습니까?"

다물사리가 울먹였다.

"이지도 나으리네 집안에서 원하는 것은 소인이 아니라 소인의 손자, 손녀 들입니다."

"오호라!"

그제야 김성일이 책상을 탁 쳤다.

"무슨 소리인지 알듯 하다. 계속 말해 보거라."

"이지도 나으리는 제가 낳은 자식과 손주 들을 재산으로 삼고 싶어서 저러고 계십니다. 나으리는 소인이 성균관 소속의 공노비라는 것을 알고 계셨습니다. 그런데 나으리께서 저를 윤필과 혼인시킬 당시 제가 양인이라고 주장하시고, 제가 낳은 자식과 손주들은 제 지아비인 윤필이 노비이므로 모두 노비라 하며 모조리 집안의 재산으로 챙기셨습니다. 하지만 순리대로라면 소인을 포함하여 그 아이들은 모두 성균관의 노비입니다. 이지도 나으리는 지금 나라의 재산을 가로채고 계시는 겁니다."

김성일이 고개를 끄덕였다.

"모든 진상을 알았다. 자네가 양인인지 노비인지가 중요한 게 아니라 자네 딸과 손주 들이 이씨 집안의 노비이냐, 성균관의 공노비이냐가 문제였던 것이로군. 어차피 그 아이들은 이리 되나 저리 되나 노비인즉슨, 그 주인이 누구냐를 따지려는 것이렷다. 그러니까 자네 생각에 그 아이들은 성균관의 공노비라야 한다 이 말인가?"

"그러하옵니다."

문제는 다물사리의 신분이다. 경우의 수를 따져보자.

❶ 다물사리가 양인인 경우

다물사리(양인)는 윤필(노비)과 혼인하여 인이를 낳았다. 그런데 윤필이 노비이기 때문에 인이도 노비다. 그리고 이 노비 신분의 원인이 되는 윤필이 이지도의 재산이기 때문에 인이도 이지도의 재산이다. 또한 인이가 혼인하여 낳은 자식들, 즉 다물사리의 손주들 역시 이지도의 재산이다.

❷ 다물사리가 성균관 소속의 공노비인 경우
다물사리는 노비로서 노비인 윤필과 혼인한 것이다. 따라서 그 자녀는 부모 양쪽으로부터 노비 신분을 받게 되지만, 이때는 공노비의 신분이 사노비의 신분보다 우선한다. 따라서 다물사리의 딸과 손주는 노비는 노비이되, 이지도의 노비가 아니라 성균관 소속의 노비가 된다.

이렇게 다물사리의 신분이 양인이건 노비이건 간에 딸과 손주들의 신분은 노비다. 그렇다면 어차피 노비인 인생, 기왕이면 사노비보다는 공노비가 되는 게 더 좋지 않을까? 그래서 다물사리는 스스로 노비를 자처하고 나선 것이다.

이제 사태를 파악한 김성일이 다물사리에게 물었다.

"자네의 주장을 충분히 이해했네. 그렇다면 이제 문제는 증거일세. 자네가 성균관의 노비라는 증거가 있는가? 성균관에서 일하고 있는 것을 본 사람이 없는데, 대체 무엇을 근거로 자네가 성균관의 노비라고 하는가?"

다물사리가 답했다.

"소인은 성균관에서 일한 적이 없사옵고, 소인의 어미가 성균관의 노비였습니다."

이지도가 펄쩍 뛰었다.

"절대 아닙니다. 호적을 보면 아시겠지만, 다물사리는 틀림없는 양인입니다."

"그런가? 알겠다. 그렇다면 호적과 노비안奴婢案을 모두 살펴보는 수밖에 없겠구나."

김성일은 다물사리의 호적, 성균관의 노비안, 이들이 살고 있는 영암군의 천민을 기록한 천안賤案 등을 샅샅이 뒤졌다. 호적과 노비안은 서로 다른 이야기를 하고 있었다. 호적에 따르면 양인인 이순과 아내인 정조이가 딸 다물사리를 낳았다. 그러나 다물사리는 이를 부인했다.

"소인의 어미는 양인 정조이가 아니라 성균관 노비인 길덕이며, 소인의 아비는 누군지 알지 못하나이다."

한마디로 호적에 나와 있는 부모가 자신과 무관하다는 것이다.

성균관의 노비안을 살펴보니 과연 노비 길덕이 있었다. 그리고

● 노비 등록대장. 노비는 재산으로 취급되었기 때문에 일종의 등기부등본이라고 할 수 있다.

다물사리의 관할 관청인 영암군의 천안을 살펴보니 다물사리가 자기 어미가 길덕이며, 길덕은 관노이니 자신은 양인이 아니라 노비라고 자수한 것으로 되어 있었다.

"보십시오. 소인은 틀림없는 노비입니다."

"사또, 이 천안은 다물사리의 사위 구지라는 자가 노비안을 담당하는 아전 최만수를 매수해서 위조한 것입니다."

"아닙니다. 소인이 이씨 댁 노비인 윤필과 혼인할 때 이씨 댁에서 멋대로 소인을 이순과 정조이의 딸로 호적에 올린 것입니다. 이는 소인과 소인의 자식들을 가로채려 한 것이니, 나라의 재산을 가로채려 한 것과 같사옵니다."

김성일은 미관을 찡그렸다. 듣고 보니 작은 일이 아니었다.

❶ 원고 이지도의 주장이 맞다면

피고 다물사리의 사위인 구지라는 자가 아전과 짜고 영암군 천안을 위조하여 장모인 다물사리를 전혀 관계없는 성균관 노비 길덕의 딸로 둔갑시켰다. 그렇게 ❶ 이지도의 재산인 자신의 아내와 자녀들을 나라의 재산으로 바꿔 버렸고 ❷ 양인인 장모를 노비로 바꾸었다. 이 중 ❷가 더 심각하다. 양인들로부터 부역과 세금을 받아야 하는 조정은 양인이 멋대로 천인이 되는 일을 엄히 금하고 있었다.

❷ 피고 다물사리의 주장이 맞다면

원고 이지도의 조부는 자기 노비인 윤필이 성균관 노비의 딸인 다물사리와 혼인하자 그 둘 사이에서 낳은 자녀들을 나라에 빼앗기기 싫어서(노비의 자녀는 어머니 주인의 재산이 되는 종모법이 적용되었다) 관노인 다물사리를 엉뚱한 양인의 호적에 집어넣었다. 이는 나라의 가장 중요한 문서인 호적을 위조하여 나라의 재산인 노비를 빼돌리는 아주 죄질이 나쁜 범죄다.

이제 사건은 단지 노비들의 소유주가 누구냐를 다투는 수준의 민사 재판 범위를 넘었다. 만약 이지도가 옳다면, 다물사리는 조세 포탈 등을 목적으로 공문서를 위조하여 스스로 노비를 가장한 국사범이 된다. 다물사리가 옳다면, 이지도는 나라의 재산을 가로챌 목적으로 공문서를 위조한 국사범이 된다.

원고와 피고 모두 문서상의 증거를 인정하지 않는 건 당연한 일이다. 그렇다면 여러 가지 정황을 맞춰 보고 증인들의 증언을 들어 보아야 한다. 일단 김성일은 호적과 천안의 초본을 검토했다.

오늘날 우리나라는 일본에 비해 기록 문화가 허술하다는 비판을 받지만, 조선시대만 해도 세계 역사상 유례가 없을 정도로 꼼꼼한 기록의 나라였다. 거의 모든 기록은 초본과 사본을 모두 보관했으며, 모두 담당자의 서명과 도장을 찍어 두었다. 호적이나 천안만 해도 그냥 적는 게 아니라 그것의 근거가 되는 초본을 보관하며, 개정이나 수정이 되면 원본과 수정본을 모두 보관했다.

영암군 천안에서 이상한 점이 발견되었다. 초본과 두 번째 작성된 문서에 관노 길덕의 딸 다물사리에 대한 기록이 전혀 나타나지 않았다. 다물사리라는 이름은 세 번째 작성된 문서에서야 등장했다. 담당자가 조작했을 가능성이 크다. 게다가 나이도 조리에 맞지 않는 부분이 많았다. 세 번째 천안에 기록된 다물사리의 나이와 길덕의 사망연도를 비교해 보면, 길덕은 다물사리가 태어나기도 전에 죽었던 것이다. 다물사리가 말했다.

"소인이 나이를 잘못 세었습니다. 소인은 78살이 아니라 82살이옵니다."

하지만 이미 김성일은 다물사리의 말을 믿지 못하는 상태였다. 더구나 천안의 초본에는 다물사리의 어머니인 길덕의 남편이 양인인 이전룡으로 되어 있었다. 다물사리는 아비를 모른다고도 했다가, 자기 아버지가 관노인 종산이라고 하는 등 진술이 오락가락했다.

"아무리 상것이라 해도 어찌 자기 아비 이름을 모를 수 있단 말인가? 이건 필시 누군가가 거짓 진술을 하라고 일러 준 것을 급히 외우다가 사달이 난 것이리라."

김성일이 책상을 탁 쳤다. 그리고 급히 명을 내렸다.

"옳거니! 이 다물사리의 사위인 구지라는 자를 지금 당장 압송해 오렷다.”

틀림없이 다물사리의 딸 인이의 남편 구지가 그 배후일 것이다. 자기가 낳은 네 자녀를 이지도 집안의 사노비가 아니라 성균관 소속의 관노비로 삼고 싶어서 아전을 매수하여 길덕이라는 관노비의 딸로 자기 장모를 둔갑시킨 것이다. 그리고 장모에게 새 족보를 외우게 하였으나, 길덕과 다물사리의 나이가 맞지 않고, 또 나이가 많은 다물사리가 족보의 내용을 제대로 외우지 못한 것이다.

며칠 뒤 들려온 보고는 김성일의 심증을 확실하게 굳혀 주었다.

“구지라는 자는 이미 수일 전에 마을을 떠나 종적을 알 수 없다고 하옵니다.”

“알았다. 이제 판결을 내릴 테니 양측 모두 들라 하라.”

오랜 고민 끝에 결론을 내린 김성일의 얼굴은 밝지 않았다.

“모든 문서를 다 살펴보고 증언들을 상고詳考*해 보았다. 다물사리는 노비가 아닌 양인이 분명하다. 이 사건은 다물사리의 사위인 구지가 아전과 짜고 다물사리를 길덕이라는 관노의 딸로 위조한 사건이다. 다물사리의 증언이 조리에 맞지 않고, 길덕과 다물사리의 나이가 모녀 간이라기에는 무리가 있으며, 영암군 천안 기록이 급

● 꼼꼼하게 따져서 검토하다.

히 변조된 흔적이 있는 등 여러 가지 증거로 미루어 볼 때 다물사리는 길덕의 딸이 아니며 호적에 나와 있는 대로 양인인 이순과 정조이의 딸이다."

이지도가 기쁨을 감추지 못했다.

"그렇다면 인이와 그 자식들은 모두 소인의 소유가 되는 게 맞습니까?"

"그러하오. 저 아이들은 이씨 집안의 재산이오."

"억울하옵니다."

다물사리가 펄쩍 뛰었다.

"억울할 것 없다. 더 이상 변명하지 마라. 본디 나라의 법은 양인이 스스로 천민으로 내려가는 투탁을 엄히 금하고 있다. 허나, 다물사리는 이미 나이가 많아 양인의 부역과 조세가 면제된 만큼 스스로 천인으로 투탁하고자 함에 있어 나라에 대한 의무를 면탈하고자 하는 의도는 없다고 보인다. 이와 더불어 이미 나이가 70이 넘은 고령인 점 등을 감안하여 마땅히 태형에 처해야 할 것을 면해 주니 더는 말하지 말고 돌아가도록 하여라."

더 이상 누구도 말을 붙이고 뺄 것이 없었다.

이렇게 이 재판은 다물사리의 딸과 손주 들의 소유권이 이지도에게로 넘어가고, 노비 문서를 위조한 다물사리의 죄는 묻지 않는 것으로 마무리되었다. 그러나 김성일이 나라를 생각하는 선비였다면 이런 재판이 일어난 현실에 대해 깊이 고민할 수밖에 없었을 것이다.

양인이 스스로 노비임을 자처할 정도라면 당시 양인들의 삶이 어떠했을지 짐작할 수 있다. 나라에서 양인이 노비로 투탁하는 일을 심각한 범죄로 여기고 있었다는 것은 그만큼 그런 일이 많았다는 뜻이다. 또 다물사리의 경우처럼 양인이 노비와 혼인하는 경우도 흔히 있었다. 이는 양인과 노비의 격차가 사실상 없거나, 오히려 노비가 양인보다 처지가 나은 경우도 많았다는 뜻이다. 실제로 다물사리의 남편이었던 윤필이나 사위였던 구지는 노비였음에도 꽤 많은 재산이 있었다고 한다. 아전을 매수하여 공문서를 위조하게 할 정도라면 우리가 상상하는 것보다 훨씬 많을 수도 있었을 것이다.

땅은 임자에게 복은
부처에게 돌려주라

만복사 재판

다물사리 재판과 더불어 개인 간의 다툼으로 가장 유명한 조선시대 재판은 만복사 재판이다. 다물사리가 노비 재판이라면, 만복사 재판은 금전 문제가 얽힌 재산상의 다툼이다. 만복사 재판의 주인공은 김성일과 비슷한 시기에 역시 명판관으로 이름을 떨쳤던 신응시이다. 이 사건은 신응시가 전라도 관찰사로 남원 지역을 순찰하던 중에 일어났다.

관찰사의 행차니 주변이 모두 긴장하고 있었을 것이다. 그런데 별안간 한 사람이 튀어나와 울부짖으며 관찰사의 행차를 가로막았다.

신응시가 깜짝 놀라 누가 길을 막았는지 보았더니, 복장을 보면 양반임에 분명한데 행색의 비루함은 거지나 다름없는 사람이었다.

"관찰사 영감! 억울하옵니다. 억울하옵니다."

이 거지 양반이 비켜설 생각을 않고 계속 울부짖자 신응시가 상대가 양반임을 감안하여 점잖게 타일렀다.

"이보시오. 어떤 억울한 일이 있는지는 모르겠으나 모든 일에는 순서가 있고 법도가 있는 법이외다. 이렇게 공무 중인 관리를 가로막고 억지를 쓰는 것은 예를 아는 양반이 할 일은 아닐 것이오. 정식으로 소장을 써서 관아에 제출한다면 무슨 일인지 살펴보리다."

도정에 바빴던 신응시는 그 일을 까맣게 잊고 있었는데, 정말 그 거지 양반이 소장을 들고 찾아왔다. 이번에는 나름 신경을 썼는지 거지꼴은 면했지만 남루하기는 매한가지였다.

"자, 소장을 접수했으니 바로 재판을 진행하겠소. 우선 원고의 말을 좀 들어볼 테니 무엇이 억울한지 한번 이야기해 보시오."

신응시가 점잖게 자세를 잡았다. 거지 양반이 사연을 털어놓기 시작했다.

"소생은 대대로 남원에서 살았습니다. 소생의 조부께서는 남원에서 제일가는 부자였는데, 무슨 연유인지 그만 불교에 빠져들었습니다."

"어허, 불교에 빠져드는 것은 어리석은 백성들이면 몰라도 사대부가 갈 길은 아니건만. 계속 이야기해 보시오."

"그런데 조부께서 논이며 밭이며 온갖 집안 재물을 부처 섬기고 절에 시주하는 데 썼습니다. 그러느라 조상 대대로 내려온 재산이 곶감 빠지듯 하나하나 사라졌습니다. 그러고는 그만 굶어서 돌아가시고 말았으니 어디 이런 원통할 일이 있겠습니까? 그리고 그 후손들은 명색이 양반인데 등 붙이고 잘 곳도 없이 빌어먹으며 이 집 저 집을 돌아다니고 있으니 원통하기 짝이 없는 일입니다."

"으흠. 그런데 이게 과연 송사거리가 되는 일이오? 불사에 빠지는 일이 사대부에게 맞는 일은 아니나, 어쨌든 그대 조부가 원해서 한 일이니 거기에 무슨 송사거리가 있겠소?"

"조부께서 만복사에 시주를 하시면서 약정한 것이 있고, 그 문서가 지금도 남아 있습니다."

"아, 계약한 문서가 남아 있단 말이오? 거참 해괴한 일이외다. 본디 절에 시주를 함이란 불력佛力을 빌리고자 함인데, 사람과 부처 사이에 어떻게 계약이란 걸 할 수 있단 말이오? 어쨌든 그런 게 있다고 하니 두고 가시오. 그럼 시간을 내어 한번 살펴보리다."

"고맙습니다. 영감. 이 은혜 절대 잊지 않겠습니다."

거지 양반이 두 번 세 번 절을 하고 물러갔다.

신응시가 접수한 소장을 정리하면 이렇다.

❶ 원고의 조부는 만복사 주지와 계약서를 작성하여 주지가 복을 빌어 준다면 논과 밭을 모두 넘기겠다고 약속했다.

❷ 주지는 복을 빌어 주었고, 이에 따라 집안의 모든 땅이 만복사 주지의 것이 되었다.

❸ 논과 밭을 다 넘기고 나니 그의 조부는 딱히 생계 수단이 없어 결국 굶어 죽고 말았으며, 그 자손들도 사실상 빌어먹고 사는 실정이다.

❹ 견디다 못한 원고가 남원부에 소장을 내 만복사에게 논밭을 돌려달라고 송사를 걸었다. 그러나 남원부에서는 이 소를 기각했다. "복을 빌어 주면 논밭을 준다"라고 계약서를 썼기 때문이다. 이 계약서가 증거로 남아 있는 한 아무리 소를 제기해도 번번이 기각될 뿐이었다.

❺ 그러던 중 마침 명판관으로 유명한 신응시가 남원부 안찰을 왔다고 하기에 다시 소를 제기했다.

신응시의 이맛살이 구겨졌다.

"승려가 복을 빌어 주는 핑계로 남의 재물을 탐하고, 사람이 굶어 죽게 생겼는데도 나 몰라라 하니 이를 어찌 자비를 우선으로 하는 불도의 행동이라고 할 수 있겠는가? 하지만 이렇게 계약서가 버젓이 남아 있으니 되돌릴 방법도 딱히 없구나."

신응시가 이렇게 고민한 까닭은 조선의 재판 방식인 옥송獄訟과 사송詞訟이 서로 달랐기 때문이다. 형사 재판인 옥송은 다른 어떤 증거보다도 자백이 우선했다. 역사 드라마에서 걸핏하면 "바른 대로 대지 못할까 이놈!" 하는 장면이 나오는 까닭이 여기에 있다.

반면, 민사 재판인 사송에서는 말보다 문서가 중요했다. 이를 종문권시행從文券施行이라고 하는데, 모든 사사로운 송사는 문서에 따라 시행한다는 것이다. 그래서 개인 간의 재산과 관련된 행위에는 반드시 문서를 작성하고 교환하는 것이 상례였다. 이 사건도 종문권시행을 잘 알고 있는 승려가 어리숙한 양반을 속인 사건이라고 볼 수 있다.

"계약서만 안 썼어도 어떻게 할 수 있었을 터인데……."

한참을 고민하던 신응시는 문득 계약서의 내용을 한 줄 한 줄 따지기 시작했다.

❶ 계약 당사자: 원고의 조부와 만복사
❷ 계약의 조건: 전답을 주는 대신 복 빌어 주기

계약의 조건 '복 빌어 주기' 부분에서 신응시가 눈을 번뜩였다. 이윽고 신응시가 고개를 끄덕이며 추상같이 명을 내렸다.

"재판을 진행하겠다. 즉시 소를 제기한 원고와 피고인 만복사 주지를 관아에 대령시키도록 하여라."

다음 날 소송 당사자들이 관아에 모습을 드러냈다.

만복사 주지가 입을 열었다.

"아뢰옵기 황송하오나 이미 이 사건은 남원부에서 서증書證이 확실하여 다툴 여지가 없다 하여 기각하였습니다. 사또께서 다시 거론하실 일이 아닌 줄 아뢰옵니다."

"그러하냐? 하지만 묻겠다. 내 비록 유자儒者•이긴 하나 불법佛法을 모르지 않는 터 불법이란 본디 자비를 근본으로 하지 않느냐? 서증이 아무리 분명하다 한들 시주를 한 자와 그 후손이 빌어먹다 못해 굶어 죽게 생겼는데도 나 몰라라 한다면, 그것이 어찌 부처의 가르친 바이겠느냐? 다시 생각해 보거라. 전답을 일부라도 돌려줄 생각은 없느냐?"

"사정이 딱하긴 하나 서증이 엄연하니 그럴 수 없사옵니다."

"정 그러하단 말이냐?"

신응시가 고개를 가로저었다.

"정 그렇다면 서증으로 말하겠다. 서증에 뭐라 적혀 있는가 보아라. 복을 빌어 준다고 하였느냐?"

● 유교를 연구하는 선비.

"복을 빌어 준다고 하였사옵니다."

"그러하면 '복을 빌어 준다'는 것은 그냥 빌어 주는 것만으로 끝나는 것이 아니라 '복'이 와야 끝나는 것이 아니겠느냐? 그런데 시주한 사람은 굶어 죽고, 자손들은 빌어먹고 다니며 논두렁에 기대 쓰러질 지경이니 이를 어찌 복이라고 할 수 있겠느냐? 그러니 만복사는 복을 빌어 주지 못한 게 아니냐? 저잣거리에서 물건을 사더라도 그 물건이 원래 몫을 하지 못하면 물리게 되어 있는 법이다. 쌀한 섬을 받고 붓을 팔았는데 그 붓의 털이 성하지 않아 쓸모가 없다면 붓을 판 자는 마땅히 쌀을 돌려주고 붓을 가져가야 마땅하다. 그러니 만복사에서 빌어 준다는 복도 아무 효험을 보지 못했으니 당연히 물려야 하지 않겠느냐? 만복사는 빌어 주기로 한 복을 도로 가져가고 복 값으로 받은 논과 밭을 자손들에게 되돌려 주는 것이 옳지 않느냐?"

"아니, 그건……."

"여기 서증이 있지 않느냐!"

신응시가 책상을 치며 단호하게 말했다.

"복을 받기로 하고 전답을 내어 주었는데 그 복이라는 게 자손들이 빌어먹고 굶어 죽는 것이라면 복이 아닌 것이 자명하다. 그러니 도로 물리는 것도 마땅하다. 판결을 하겠다. 모두 듣고 그대로 시행토록 하라."

신응시는 손수 판결문을 썼는데, 마치 시詩를 쓰듯, 운까지 딱 맞추었다.

논밭을 시주함은 본시 복을 빌려는 바　捨施田土 本爲求福

몸은 굶어 죽고 자식 또한 빌어먹으니　身旣飢死 子又行乞

부처의 영험 없음 이로써 결판 나누나　佛之無靈 據此可決

땅은 임자에게 복은 부처께 돌려주라　還田於主 收福於佛

조선시대의 재판과 형벌들

오늘날과 마찬가지로 조선시대의 재판도 범죄자를 처벌하는 형사 재판과 개인 간의 다툼을 해결하는 민사 재판이 있었다. 형사 재판을 담당하는 기관은 일반적인 범죄의 경우는 포도청, 국사범이나 왕이 특별히 지정한 범죄는 의금부였다. 경찰 및 검찰이 재판까지 담당했다고 보면 된다. 형벌의 종류도 정해져 있었다. 형벌은 중국의 제도를 받아들여 모두 다섯 종류(5형)였다.

사死 : 사형.

유流 : 귀양. 먼 곳으로 추방하는 형벌.

도徒 : 매를 맞은 뒤 노역에 종사하는 것으로, 오늘날의 징역에 해당하는 형벌.

장杖 : 몽둥이(치도곤이라 불린다)로 50대 이하를 맞는 형벌.

태笞 : 회초리로 50대 이하를 맞는 가장 흔한 형벌.

대표적인 악형으로 발가락을 뽑아 버리는 난장형亂杖刑, 두 나무를 정강이 사이에 끼워서 조이는 주리형周牢刑, 불로 지지는 낙형烙刑이 있었으나 함부로 시행되지 않았고 훗날 영조가 모두 폐지했다.

사형의 종류도 정해져 있었다. 목을 베어 죽이는 참형(역모 사건이 아니면 흔하지 않았다),

목을 매달아 죽이는 교수형(가장 일반적인 사형 집행 방법이었다), 그리고 악명 높은 능지처참陵遲處斬 등이 법에 정해진 사형 방법이었다. 역사 드라마에 흔히 나오는 사약賜藥은 법적으로는 사형이 아니다. 사형당해 마땅하나 사형당했다는 불명예를 피하고 자살이란 방식으로 형을 면하는 기회를 준다는 의미에서 일종의 은혜를 베푸는 것이었다. 만약 참형으로 집행되면 역적으로서 죽는 것이기에 가족의 연좌를 피할 수 없지만, 사약을 받으면 수사가 이루어지기 전에 자살한 것이 되기 때문에 가족이 휘말려 피해를 볼 가능성이 줄어들었다.

형벌의 집행도 엄격하게 제한되어 있었다. 벼슬아치라고 해서 백성들에게 함부로 형벌을 가할 수 있는 게 아니다. 관찰사, 부사, 목사, 군수, 현감 등 지방 수령, 한마디로 사또가 가할 수 있는 형벌은 태형뿐이었다. 역사 드라마에 흔히 나오는 사또가 곤장 치는 장면은 잘못된 고증이다. 태형 이상의 형벌은 반드시 상급 기관의 승인을 받아야 했다. 그리고 사형의 경우 놀랍게도 삼심제를 실시했다. 형조에서 재심하고, 의금부가 삼심하고 나서야 집행 여부가 결정되었다. 그러니 탈영병을 즉결심판해 목을 벤 권율 장군은 그 공로가 큼에도 법적 제재를 받을 수밖에 없었다. 탈영병은 조사를 마친 뒤 서울로 압송하여 형조의 심판을 받게 해야 했다.

조선시대 형사 재판이 이렇게 꼼꼼하게 규정된 데 비해, 개인 간의 분쟁인 민사 재판에는 분명하게 규정된 법이 많지 않았다. 그러다 보니 개인 간의 다툼은 주로 관습이나 도덕에 의존했고 형조, 의금부와는 무관하게 지방 행정관의 재량으로 판단했다. 당연한 이야기지만, 민사 재판에서 가장 많이 다루는 쟁점은 예나 지금이나 마찬가지로 가족과 재산 분쟁이었다. 이 중 가족과 관련된 것은 주자가례朱子家禮를 기준으로 판단하였지만, 재산의 경우는 분명한 기준이 없어 골치 아픈 사례가 많았다고 한다. 당시 재산은 크게 토지와 노비였다. 따라서 토지와 노비 관련 재판이 많았는데, 특히 노비에 대한 재판이 많았다. 태종 때 노비 관련 소송만 한 달에 1만 건이 넘는 경우가 많아서 태종이 역정을 내면서 "노비 제도를 폐지하면 소송이 없어지겠구나!"라고 했다는 일화도 있다.

민사 역시 삼심을 제기할 수 있었다. 수령의 판결이 마음에 들지 않으면 관찰사에게 다시 한 번 판단을 요청하고, 그조차 억울하면 서울까지 와서 노비와 관련된 사건이면 장예원掌隷院, 토지와 관련된 사건이면 한성부漢城府에 삼심을 요청했다.

–대한민국 법원 웹사이트 및 「억울함을 가려주던 조선시대 민사 소송」(임상혁, 『문화재사랑』, 2013년 10월호)을 참고하여 재구성.

역모의
수레바퀴

남이의 옥獄

조선시대 민사 재판이 문서를 중요시했기 때문에 근대 재판을 방불케 하는 꼼꼼한 사례가 많았다면, 형사 재판은 좀 다른 모습을 보여 주었다. 조선시대 형사 재판은 자백을 그 어떤 증거보다도 우선했고 그다음으로 중요시한 것은 증인이었다. 결국 사람의 말을 문서 같은 증거보다 더 중요시했다.

문제는 형사 재판의 원고가 강한 물리력을 지닌 국가라는 데 있다. 형사 재판을 진행하는 관리들은 피의자나 증인 들로부터 원하는 증언을 받아내려고 무리한 방법을 사용하기도 했다. 과정이야 어찌 되었건 자백만 받으면 바로 유죄판결을 받아 형벌에 처할 수 있었기 때문이다. 그래서 꼼꼼하고 합리적인 사례를 많이 남긴 민사 재판과 달리 조선시대의 형사 재판은 국가 공권력 남용 사례를 많이 남겼다. 특히 최고위층 간의 권력 다툼이 끼어들 경우 사실상 사법 살인이나 다름없는 행위들이 이루어졌다. 남이의 옥은 그 전형을 마련한 사례다.

1468년 10월 24일, 조선의 8대 왕 예종이 즉위한 지 한 달이 좀 지났을 때다. 깊은 밤에 병조참의兵曹參議* 유자광이 입궐해 예종에게 역모를 꾸미는 자들이 있음을 알렸다.

"역모라니! 대체 누가 역모를 도모한단 말이오?"

"의산군 남이입니다."

"의산군 남이가? 남이라고 하면 왕실 종친**이 아니오? 함부로 말했다가는 그대가 오히려 큰 변을 입을 것이니 사실대로 고하시오."

유자광의 설명은 이러했다.

"신이 내병조에서 당직을 서고 있을 때였습니다. 남이가 와서 '세조 대왕이 돌아가셨는데, 이 틈을 타 간신들이 난을 일으키면 우

---

* 병조참판 바로 아래에 있는 정3품 벼슬. 무관의 인사와 각종 작전을 총괄하는 자리로, 오늘날의 국방부 정책실장 정도 되는 고관이다.

** 남이의 아버지 남빈은 태종의 넷째 딸 정선공주의 손자, 즉 세종의 5촌 조카. 세조와 6촌간이 된다. 따라서 남이는 예종과 8촌간으로 먼 인척 관계에 있다.

리는 죽음을 당할 수 있으니 세조의 은혜에 보답해야 하지 않겠는가? 그런데 재물을 탐하는 김국광과 불충한 노사신이 난을 일으킬 가능성이 높으니 이걸 그냥 두고 보겠는가?'라고 하였나이다. 그러더니 오늘 저녁에는 『강목綱目』을 펼쳐 놓고서는 '혜성이 없어지지 않는데, 광망光芒이 희면 두 해에 걸쳐 반역이 있다고 한다. 그러니 내가 미리 선수를 치려 한다'라고 하였사옵니다."

예종은 머리털이 곤두섰다. 남이는 불과 얼마 전까지 병조판서를 지냈던 인물로, 아직도 군부에 세력이 많이 남아 있었다. 남이를 병조판서에서 해임한 사람은 다름 아닌 예종 자신이었다. 그러니 남이가 역모가 일어날지 몰라 선수를 친다고 떠들고 다니는 것은 사실상 역모 진압을 핑계로 스스로 군사행동을 하겠다는 것이나 다름없는 말이다.

이에 예종은 체포대를 보내고 궐문 경비를 강화시켰으며 주요 종친과 대신들을 긴급하게 궁으로 불러들였다. 사태가 심상치 않게 흐르자 남이는 도주하려 했지만 금방 잡히고 말았다. 예종은 궁으로 끌려온 남이를 직접 신문했다.

"오늘 누구를 만나서 무엇을 했는지 고하거라."

● 주희가 사마광의 자치통감을 정리한 역사책.

"소신은 이지정의 집에서 바둑을 두며 북방지역 인사에 관한 이야기를 나누고 있었사옵니다. 민서의 집에 가서도 북방에 관한 이야기를 나눴으며, 유자광의 집에 가서는 『강목』을 꺼내 혜성 출현에 관한 부분을 봤습니다."

"그래, 바로 그 부분이다. 혜성 출현에 관한 부분을 보고 뭐라 말했느냐?"

남이는 대답하지 않았다. 그러자 한 차례 고문이 가해졌고, 유자광과의 대질 심문이 이루어졌다. 그러나 남이는 역시 대답하지 않았다.

"네놈이 혜성 이야기를 하다가 역모를 입에 올리지 않았느냐? 어서 바른 대로 고하거라. 유자광이 이미 다 고변• 하였다."

"그건 유자광이 평소 소신에 대한 불평이 많아서 무고한 것이옵니다."

"그러하단 말이냐?"

남이를 고문해도 소용없다는 생각을 한 예종은 남이가 함께 이야기를 나누었다고 말한 민서를 끌고 와 고문했다. 고문을 견디지 못한 민서는 이렇게 자백했다.

• 반역행위를 고발하다는 뜻의 옛말.

"남이가 혜성 이야기를 하면서 '간신이 곧 세력을 얻어 일어나면 내가 죽을 터인데 염려가 된다'라고 하였나이다. 그래서 소신이 누가 간신이냐고 물었더니 '그 간신은 한명회다. 하지만 좀 더 자세히 살핀 연후에 아뢸 생각이다'라고 하였나이다."

"오호, 그랬단 말인가? 남이는 고하라. 무슨 까닭에 누대의 공신인 한명회가 간신이란 말이냐?"

남이가 말했다.

"전하가 등극하신 지 얼마 되지 않았는데, 한명회는 벌써 세자 세우는 일을 논하고 있었나이다. 전하의 보령寶齡이 아직 젊으시고, 왕자께서 아직 어리신데 세자를 논하는 것은 왕자께서 자기 일가인 한백륜의 손자이기 때문에 이를 노리고 하는 짓이니 어찌 그 뜻이 바르다 하겠나이까?"

그러자 예종이 입시入侍해 있던 한명회에게 물었다.

"이 말이 사실이오?"

"거짓이옵니다. 소신은 그런 이야기를 한 적 없사옵니다."

한명회가 펄펄 뛰었다.

"알겠소이다."

● 임금의 나이를 높여 부르는 말.
●● 신하가 임금을 뵈러 궁에 나와 있음.

의외로 예종이 한명회의 말을 쉽게 받아들였다. 그렇게 이틀이 지났다. 이번에는 문효량이 말했다.

"전하, 남이가 말하기를 '한명회가 난을 일으키려고 하는데, 내가 나라의 은혜를 갚고자 이를 물리치려 한다'라고 하였나이다."

"오호라, 과연 군사를 일으키려 했구나. 그래 계속해서 무슨 말을 했느냐?"

"소신이 '이러한 일을 같이하는 사람이 있느냐'라고 물었는데, 남이가 말하기를 '오위도총관* 강순이 나에게 난을 평정하는 일을 맡게 했다'라고 하였나이다."

"당장 강순을 잡아오라."

오위도총관 강순이 영문도 모르고 끌려 나왔다.

"전하, 소신은 그런 말을 한 적이 없나이다."

모진 고문에도 강순이 계속 무죄를 호소하자, 예종은 순순히 강순도 풀어 주었다. 그때 남이는 예종의 목표가 자신임을 깨달았다.

예종이 남이를 노려보며 날카로운 목소리로 말했다.

"한명회는 역모를 꾀한 바가 없다 하고, 도총관은 그 진압을 부탁한 바 없다고 하였다. 그렇다면 의산군은 무슨 근거로 군사를 일

● 조선시대 수도의 방어를 책임지던 장군.

으키려 하였는가? 일어나지도 않는 역모 진압을 핑계로 사사로이 군사를 일으켜 도리어 역모를 꾀한 것이 아니겠는가? 어서 바른 대로 대라. 사사로이 군사를 일으켜 누구를 세우려 하였느냐? 아니면 혹시 스스로 보위에 오르려 한 것은 아니었느냐?"

가혹한 고문이 사흘간 이어졌다. 화살 서너 발을 맞아도 태연히 웃으며 적병을 쓸어 버렸다는 맹장 남이도 더 이상 견디기 어려운 지경이었다. 더군다나 이미 답이 정해져 있는 상황이다. 남이 스스로 역모를 꾀했다고 말할 때까지 고문은 계속될 터였다.

마침내 국문 사흘 만에 남이가 평온한 얼굴로 말했다.

"묶은 몸을 풀어 주시고 술이나 한잔 주시면 다 고하겠나이다."

예종이 이를 받아들여 결박이 풀리자 남이는 술 한 잔을 들이켠 뒤 마치 실타래가 풀리듯 술술 말을 늘어놓았다.

"도총관 강순과 더불어 군사를 일으킬 생각이었나이다. 전하께서 산릉제례를 나갈 때 창덕궁과 수강궁에 불을 질러 경복궁으로 유인한 뒤 거사하여 영순군, 보성군, 춘양군 중 한 명을 임금으로 세울 생각이었나이다."

"뭣이라? 강순을 다시 잡아들여라."

강순이 영문도 모른 채 다시 잡혀 왔다. 한동안 혐의를 부인하던 강순은 곤장을 무수히 맞자 "소신은 어려서부터 매를 맞은 적이 없어 매를 견딜 수 없나이다"라는 의미심장한 말을 남긴 채 역모에 가담했다고 시인했다.

옥사 이후 남이, 강순, 민서, 문효량 등은 교열형*에 처해진 뒤 일주일간 효수**되었으며, 남이의 가족과 지인 들도 처형당했다. 한편, 유자광은 익대공신 일등에 책봉되었을 뿐만 아니라 남이의 집을 상으로 받았다.

사실 이 사건에서 남이가 역모를 꾀했다는 증거는 유자광의 고발과 남이의 자백밖에 없다. 강순, 민서, 문효량, 그리고 영순군, 보성군, 춘양군을 포함한 수많은 사람도 오직 이 두 명의 증언에 의해서 역모에 연루되었다. 더구나 남이의 자백은 여러 명백한 증거 때문에 더 이상 거짓을 말할 수 없게 된 상황에서 한 것이 아니라 고문을 견디지 못하고 한 것이다. 고문을 해서 얻은 자백을 근거로 바로 역모를 확정짓고 줄줄이 처형한 이 사례는 이후 조선시대 내내 정치적인 반대파를 제거하는 수단으로 남용되었다.

남이의 옥 사건에서 가장 중요한 역할을 한 사람은 고발을 한 유자광이 아니라 다름 아닌 예종 자신이었다. 예종의 아버지인 세조는 한명회 등 훈구공신***들의 세력이 너무 커질 것을 우려하여

● 사지를 찢어 죽이는 가혹한 형벌.
●● 목을 베어 성문이나 광장에 전시함.
●●● 세조의 왕위 찬탈에 주도적인 역할을 하여 권세를 얻은 신하들.

종친 중에서 이준, 남이 같은 젊은 무인들을 등용하여 군사를 맡겼다. 정치는 공신들이 잡더라도 군사는 종친들이 잡게 해 균형을 맞춘 것이다. 그러나 세조가 죽고 경험이 적은 예종이 등극하자 공신들의 반격이 시작되었고, 예종 역시 남이 등 젊은 종친들을 꺼렸다. 따라서 경솔한 성격에 평소 말실수가 잦았던 남이를 예의주시하다 사소한 빌미를 잡아 고문으로 자백을 받고 처형해 버린 것이다. 이런 식으로 정치적 반대파를 도륙하는 조선의 옥사獄事는 끝없이 반복되었는데, 나쁜 첫 단추가 여기서 시작되었다.

옥사를 활용한
정치투쟁

끝없는 환국換局

　조선 후기의 정치라고 하면 흔히 붕당정치를 떠올린다. 그리고 남인, 북인, 노론, 소론의 사색당쟁四色黨爭으로 국력을 소모했다고 알고 있다. 한편 붕당정치를 일종의 정당정치, 토론정치의 전통으로 봐야 한다는 반론도 있다.

　붕당정치가 맹렬한 토론을 거쳐 정책을 정한 것은 사실이다. 그러나 남이의 옥에서부터 비롯된 정치적 반대파 제거 공식이 적용되면 그렇게 한가하게 볼 일이 아니다. 토론에서 밀린 당파는 권력의 주변부로 밀려나는 정도가 아니라 목숨을 잃고 그 집안은 풍비박산했다. 그렇게 망했던 당파가 다시 권력을 잡으면 같은 방식으로 보복이 감행됐다. 이를 토론정치라고 좋게 볼 수 있을까? 더 나아가 왕이 당파들의 세력 균형을 맞추려고 일부러 붕당정치를 조장한 경우도 있었다. 그래서 여러 당파가 번갈아 가며 권력을 잡고, 그럴 때마다 상대 당파를 역모로 몰아서 대규모 옥사를 진행한다면 국가적으로 엄청난 낭비가 아닐 수 없다.

숙종 때는 당파가 번갈아 가며 권력을 잡았는데, 이렇게 권력을 잡은 당파가 바뀌는 사건을 환국이라 했다. 더 큰 문제는 특정 당파가 계속 권력을 잡을 경우 왕권이 약해지는 것을 우려한 숙종이 번갈아 이 편을 들었다 저 편을 들었다 했고, 그때마다 대규모 옥사가 발생했다는 것이다. 이때 증언, 특히 자백을 결정적인 증거로 삼았던 조선시대의 형사 재판의 허점이 악용되었다.

숙종이 등극했을 때 조정의 권력은 남인이 잡고 있었다. 남인의 권력 남용이 못마땅했던 숙종은 호시탐탐 남인 권력을 무너뜨릴 기회를 노리고 있었다. 마침 영의정 허적이 집안 행사에 임금의 허락도 없이 군사용품인 천막을 가져가서 사용한 사건이 일어났다. 숙종은 분노하여(혹은 분노를 가장하여) 남인들로 포진되었던 고위 군관들을 모두 서인으로 교체했다. 권력의 무게중심이 서인 쪽으로 기운 것이다.

문제는 그다음부터다. 권력을 잡은 서인은 여기에 만족하지 않고 아예 남인의 씨를 말리기 위해 '남이의 옥'과 똑같은 방식으로 일을 꾸몄다. 서인의 주요 인물이자 숙종의 외숙부인 김석주 무리가 주도한 '삼복의 변'이다. 이들은 허적의 서자 허견이 인조의 손자이자 숙종의 5촌 당숙인 삼복 삼형제(복창군, 복선군, 복평군)와 함께 역모를 꾸미고 있다고 고변했다.

서인들에 따르면 어느 날 허견이 복선군을 만나서 환담하다가 숙종이 몸이 약한 것을 걱정하는 이야기에 이르렀는데, 문득 허견이 떠보듯이 말했다고 한다.

"주상께서 몸이 약하신데 아들도 안 계시고 형제도 없어 걱정이오."

복선군은 아무 말도 하지 않았다. 무서운 말 아닌가? 아직 젊은 임금의 요절을 입에 담다니, 그것만으로도 큰 벌을 받을 일이다. 하지만 허견은 경솔하게 계속 말을 이었다.

"그러니 만약 불행한 일이 생긴다면, 종친 중에서 왕위를 이어야 할 터. 서인들은 필시 임성군을 추대하겠으나, 그럴 때는 내가 나서서 대감을 위해 병력으로 뒷받침하겠소."

복선군은 이번에도 아무 대답을 하지 않았다. 현재 임금이 자리에 있는데, 다음 임금 자리를 논하는 것은 임금의 아들이라 할지라도 역모로 간주될 위험한 발언이었다.

게다가 이 허견이라는 자는 경솔하고 거칠어 별로 믿을 만한 인물이 아니었다. 사소한 일로 자주 싸움을 했고, 민가에 행패를 부리는 경우도 많았다. 상대의 신분을 가리지 않고 주먹을 휘두르기 일쑤였는데, 처형에게도 주먹을 휘둘러서 이를 부러뜨릴 정도였다. 더구나 그의 처형은 숙종의 외할아버지인 청풍부원군 김우명의 첩이었다. 첩이라고는 하나 임금의 할머니뻘 되는 여성에게 이가 부러질 정도로 주먹을 휘둘렀다면 그 성품을 짐작할 만하다. 당시 숙종은 허견이 비록 서자이긴 하나 영의정이면서 군권을 장악하고 있던 허적의 아들이라 모른 척 넘어갔다. 하지만 이때부터 허적, 허견 부자는 숙종에게 요주의 대상이 되었을 것이다.

삼복 역시 숙종에게는 요주의 대상이었다. 13세의 어린 나이에 왕위에 오른 숙종에게 20대의 장성한 왕족들은 매우 껄끄러운 존재였다. 자칫하면 단종의 비극이 반복될 수도 있기 때문이다. 일찍이 숙종의 외할아버지 김우명이 삼복을 제거하려고 이들을 고발한 이른바 홍수의 변紅袖之變이 있었다. 고발 내용은 복창군이 현종의 승은을 입은 궁녀를 범해 임신시켰고, 복평군 역시 궁녀를 강제로 범하고 임신시켰다는 것이다. 고문이든 뭐든 자백만 받으면 유죄를 입증시켜 처형할 수 있었던 조선의 형사 재판 허점을 노린 정적 제거 사건이다.

문제는 고발당한 사람들이 숙종의 아버지인 현종의 사촌들이라는 데 있었다. 역모가 아닌 다음에야 함부로 고문하여 자백을 받아내기 어려운 상대다. 관료들은 감히 이들을 고문할 엄두를 내지 못한 채 발을 뺐고, 여러 가지 증언이나 증거도 이들의 무죄를 증명했다. 결국 숙종은 하루 만에 무죄판결로 사건을 종결했다. 하지만 형사 재판을 정적 제거 수단으로 사용했던 시대다. 무죄를 받았다고 해서 다행이라고 넘어갈 사람들이 아니었다. 바로 반격이 시작되었다. 집권당이던 남인들은 이 사건을 왕의 외조부라는 것을 믿고 권력을 전횡하던 김우명을 제거할 기회로 삼았다.

남인 중 강경파(청남)인 윤휴와 허목이 왕실 어른을 무고한 죄를 물어 김우명을 사형에 처해야 한다고 고발했고, 대신들이 1박 2일에 걸쳐 궁궐에서 연좌시위를 했다. 하는 수 없이 숙종은 이를 받아들였다. 혹자는 숙종이 이를 사사건건 간섭하는 귀찮은 외조부를 제거할 기회로 삼았다고 주장하기도 한다.

그러자 대비인 명성왕후가 소복 차림으로 나타나 대성통곡하며 숙종이 자기 아버지를 죽인다면 자신도 스스로 목숨을 끊겠다며 시위하였다. 이 시위에 숙종이 굴복하여 결국 김우명에게 무죄가 선고되었다. 무고죄가 무죄라면 그 고발 내용이 정당한 것이 되니 이번에는 이미 무죄가 선고되었던 복창군, 복평군에게 다시 유죄가 선고되었다. 결국 이들은 유배형을 받고 말았다.

분노한 윤휴는 숙종의 면전에 대고 말했다.

"왕대비라 하나 조정의 송사에 간섭하여 판결을 뒤집는 일은 나라의 근본을 흔드는 일입니다. 엄히 조치하셔야 합니다."

허목 역시 한마디 거들었다.

"군왕은 마땅히 사사로운 정을 거두어야 합니다. 어머님을 공경하는 것은 아름다운 일이나, 거기에 치우쳐 나라의 일이 좌우되어서야 되겠습니까?"

일단은 명성왕후가 잘못했고, 숙종도 어머니의 통곡에 밀려 판결을 뒤집은 것이 멋쩍은 일이기에 아무런 대꾸도 하지 않고 넘어갔다. 하지만 이 역시 숙종이 남인과 허씨 일가에게 앙심을 품은 계기가 되었을 것이다. 외할아버지를 죽이려 했고, 어머니를 욕한 무리들이 아닌가?

그런데 이 사건의 최대 승리자는 다름 아닌 숙종이었다. 권력을 잡고 있던 외조부 김우명을 무고죄로 몰아가는 상황을 조장해 죽음의 위기까지 몰아넣었다. 결국 김우명은 딸 덕분에 간신히 살아남았다는 오명을 쓰고 정치 일선에서 물러났다. 또한 무죄를 선고했다 이를 번복함으로써 껄끄러운 종친들인 삼복을 유배 보내는 데 성공했다. 그리고 이 과정에서 남인들이 거칠게 항명하는 상황을 조장함으로써 언제든지 남인을 쳐낼 수 있는 빌미도 확보했다. 임금에게 대들었다는 명분으로 남인의 거목인 윤휴와 허목을 언제든 날릴 수 있게 된 것이다.

이때부터 숙종은 자신이 재판을 이용하여 정적을 제거할 수 있음을 깨달았을 것이다.

이런 상황을 알고 있는 삼복이 영 믿을 수 없는 허견의 말을 듣고 역모를 계획했을 가능성은 전혀 없었다. 그러나 이미 서인들은 일을 꾸몄고, 숙종은 서인의 손을 들어 남인을 제거하기로 마음먹었다. 역모 사건인 이상 왕실의 어른이라 할지라도 고문을 면하기 어려웠다. 결국 삼복은 서인들이 원하는 대로(숙종이 원하는 대로) 역모를 꾀했다고 자백할 수밖에 없었다.

이리하여 종실인 복창군 삼형제와 허견은 사형에 처해졌고, 허견의 아버지 허적 역시 그 죄에 연좌되어 목숨을 잃었다. 서인들은 여기에 그치지 않고 허목, 윤휴까지 얽어 넣어서 이 사건을 키웠다. 이들은 아무런 증거 없이 의금부에 끌려가 고문을 받았고, 끝내 사약을 받고 말았다.

윤휴는 마지막으로 이런 말을 남겼다.

"나라에서 선비를 쓰기 싫으면 쓰지 않으면 그만이지 구태여 죽일 것까지는 뭔가?"

이 말 속에 이른바 환국정치의 본질이 들어 있다.

선거로 정권이 교체되는 오늘날과 달리 왕정 시대에는 상대 당파를 권좌에서 끌어내리려면 죄를 뒤집어씌우는 수밖에 없었다. 그중 가장 효과적인 것이 역모죄였다. 그러니 권력을 잃어버린다는 것은 다만 자리에서 물러나는 것이 아니라 자신은 물론 일가의 목숨까지 잃어버리는 끔찍한 결과를 초래한다. 그러니 권력투쟁은 더욱 결사적이 되었고, 자백을 최고로 치는 조선의 형사 재판은 아낌없이 활용되었다.

남인 역시 가만히 두고 보지만은 않았다. 숙종 15년(1689년)에 마침내 기회가 왔다. 당시 숙종은 정비인 민씨(인현왕후) 사이에 자식이 없었다. 그래서 총애하던 소의 장씨(훗날 장희빈) 소생의 아들 윤을 원자로 삼고, 소의 장씨를 희빈으로 책봉하려 했다. 그러나 서인들의 반대가 거셌다.

서인의 거두 우암 송시열은 "중전께서 아직 젊으신데, 후궁의 아들을 미리 원자에 봉하였다가, 훗날 중전께서 왕자를 낳으시면 어찌하시렵니까? 좀 더 기다려 보심이 옳습니다"라며 상소를 올렸다.

서인들이 반대하고 나서자, 숙종은 이제 슬슬 서인을 몰아낼 시간이 왔음을 깨닫고 남인을 끌어들였다. 남인들의 집권은 당연히 단지 송시열의 상소가 기각되는 데 그치는 게 아니었다. 이후 숙종은 인현왕후를 폐하고 희빈 장씨를 중전으로 삼는데, 이 과정에서 반대했던 송시열 등 서인들은 남인들에 의해 이런저런 죄를 뒤집어쓰고 결국은 목숨을 잃고 말았다. 그러나 남인도 오래가지 못했다.

숙종 26년, 숙종은 중전 장씨를 다시 희빈으로 강등하고 인현왕후를 불러들였다. 당연히 장씨를 지지했던 남인들은 반대했지만 숙종은 물러서지 않았고, 반대했던 남인들에게 죄를 물어 대거 숙청

했다. 이 과정에서 서인은 중전 장씨를 강등하지 않고 다만 폐서인 했던 인현왕후를 궁에 모셔오는 것으로 족하다는 소론과, 다시 중전으로 삼아야 한다는 노론으로 갈라졌다. 인현왕후가 복위한 다음에도 소론은 희빈 장씨가 세자의 모후라는 이유로 여전히 왕비의 예로써 대해야 한다고 주장했고, 노론은 한 하늘에 두 중전이 있을 수 없다며 반대했다.

인현왕후가 복위 2년 만에 세상을 떠나 노론의 입장이 곤란해진 상황에서 희빈 장씨가 인현왕후를 저주했다는 이른바 '무고의 옥' 사건이 터졌다. 격노한 숙종은 희빈 장씨에게 사약을 내리고, 노론은 장씨 혼자 이런 일을 저지르지 않았을 것이라며 소론과 남인들을 얽어매었다. 다시 고문에 이은 자백, 그리고 처형이라는 악습이 반복되었다. 이로써 희빈 장씨를 왕비로 처음 추대했던 남인은 사실상 씨가 마르다시피 했고, 소론은 세자(훗날 경종)의 그늘에 숨어 지내야만 했다.

한편 노론은 숙빈 최씨의 아들인 연잉군(훗날 영조)을 배경으로 삼아 정쟁을 계속했다. 이 정쟁에서 옥사는 계속하여 상대방을 멸절시키는 도구로 남용되었다.

이웃 청나라가 강희 – 옹정 – 건륭의 번영기를 누릴 때, 일본이 난학을 통해 서양 문물을 공부하고 있을 때 조선에서는 이렇게 옥사를 이용한 상대 정파 몰살시키기가 반복되고 있었다. 그 기간이 무려 100년이 넘는다. 이렇게 100년을 허송세월했으니 외세의 침략 앞에 속수무책으로 흔들리다 끝내 망국의 치욕을 겪은 것일지도 모르겠다. 이 시기의 역사는 보면 볼수록 안타깝고 화가 난다.

비극으로 끝난
아버지와 아들

임오화변 壬午禍變

영조가 조선을 통치한 지 38년이 되었다. 당시 27세이던 세자에게 긴급하게 왕명이 내려졌다.

"세자는 즉시 창덕궁으로 와 주상을 뵈라는 어명이요."

세자가 명을 받고 보니 세자의 교육을 담당하는 시강원의 관리들이 어디로 갔는지 아무도 보이지 않았다. 심지어 호위병들조차 보이지 않았다. 호위병 하나 없는 세자라. 그건 더 이상 세자가 아니라는 뜻이었다.

창덕궁으로 건너가자 잔뜩 굳은 얼굴로 기다리고 있던 영조가 말했다.

"따라오거라."

영조는 세자를 데리고 숙종의 위패를 모신 선원전으로 갔다. 여기서 절을 올린 뒤 다시 정성왕후 서씨의 위패가 있는 창경궁 휘령전으로 가서 절을 올리게 했다.

세자가 절을 마치자 영조가 손뼉을 쳤다. 그러자 순식간에 군사들이 몰려나와 휘령전을 에워쌌다. 칼을 뽑은 군사들이 세자를 끌어내 겉옷을 벗기고 무릎을 꿇렸다.

영조가 추상같은 목소리로 말했다.

"세자가 미치고 포악하여 우선 엄중히 휘령전에 가두고 세자의 직위를 폐하여 서인庶人으로 삼는다."

세자가 눈물을 흘리며 호소했다.

"아바마마, 잘못했습니다. 앞으로는 글도 잘 읽고 말씀도 잘 들을 테니 제발 이러지 마소서!"

그러나 영조의 하교는 계속되었다.

"세자가 광패하여 과인은 밤낮으로 종사와 백성을 위해 노심초사하였다. 지금 영빈(세자의 생모)이 눈물을 흘리며 말하기를 세자가 환관, 나인, 노비 등을 죽인 것이 거의 100여 명이며, 불로 지지는 형벌을 가하는 등 참혹한 형상이 이루 말할 수 없다 하였다. 또 어린 환관, 별감 들과 밤낮으로 함께 어울리며 기생, 승려들과 밤낮으로 음란한 짓을 일삼는 등 도리에 어긋나는 일을 꾸미는 것이 심해져 한 번 아뢰고자 하였으나 모자간의 은정 때문에 차마 아뢰지 못하였으나, 감히 궁궐 후원에 무덤을 만들고 자기 아비와 어미까지 해쳐서 묻으려 하니 이를 그냥 둘 수 없어 아뢰니 세자를 죽여 후환을 끊으라 하였다. 아! 백발의 늙은이가 말년에 지난 역사에 없던 일을 만났으니, 비록 미쳤다고 하나 종사와 백성을 위해 어찌 처분을 내리지 않겠는가? 생각이 엄중한 곳에 미치니 온몸이 얼어붙는 듯하다. 일체의 내용을 온 나라에 알려 모두 알게 하라."

세자가 덜덜 떨었다. 지금 부왕이 자신에게 부왕과 생모를 죽이려 했다는 혐의를 씌우고 있는 것이다. 즉, 역모로 얽어매고 있다. 그렇다면 세자를 폐하는 정도가 아니라 죽음을 내리려는 것이다.

"어찌하면 좋단 말인가?"

신하들을 둘러보며 세자가 호소했다.

"잘못을 빌고 처분을 기다리소서."

신하들은 이렇게 대답할 뿐이었다.

이번에는 부왕에게 호소했다. 그러나 영조는 세자를 죽여야 한다는 영빈 이씨의 말을 옮기면서 세자를 죽여야 함을 분명히 했다.

도승지 이이장이 나섰다.

● 오늘날 대통령 비서실장에 해당되는 국왕의 보좌역.

"주상께서는 어찌 여인의 말을 듣고 국본(왕세자)을 해치려 하십니까?"

그러나 역시 소용없었고, 이이장마저 잡혀 들어갈 뻔하다가 간신히 풀려났다.

이어서 내려진 명은 뒤주를 가져와 세자를 가두라는 것이었다. 신하들은 세자를 잠시 가두어 두었다가 풀어 줄 것으로 생각했고, 정말로 영조가 아들을 죽일 것이라고는 생각하지 않았다. 그래서 세자는 영조의 눈을 피해 뒤주 밖으로 나와 산책을 하기도 했고, 부채와 음식도 제공받았다. 그런데 이것이 영조의 귀에 들어가면서 더 가혹한 명이 떨어졌다.

"세자를 뒤주에 넣은 뒤 뒤주를 꽁꽁 묶고 그 뚜껑 위에는 큰 돌을 올려 절대 나오지 못하게 하라."

그후 매일 뒤주를 흔들어 세자의 생사를 확인했는데, 8일째 되는 날 아무 반응이 없었다. 뒤주를 열어 확인해 보니 세자는 자신의 오줌을 받아 마신 흔적이 보이는 등 참혹하기 짝이 없는 모습으로 숨을 거둔 뒤였다.

세자의 죽음이 확인되자 영조는 후회하였는지, 아니면 준비된 말이었는지 모르지만 다음과 같은 교지를 내렸다.

"세손世孫의 마음을 생각하고 대신의 뜻을 헤아려 단지 그 호를 회복하고, 겸하여 시호諡號를 사도세자思悼世子라 한다."

세자를 폐하여 죽인 뒤, 죽음이 확인되자 다시 세자의 호를 회복시킨 것이다.

이 사건은 보면 볼수록 이해할 수 없는 일투성이다. 왕이 직접 수사와 재판을 진행했고, 피고는 다름 아닌 왕의 하나뿐인 아들 세자이다. 더구나 세자를 고발한 사람은 세자의 생모다. 재판은 매우 신속하게 진행되어 세자는 체포되자마자 바로 그 당일에 사형을 선고받았고 8일 뒤에 사망했다.

결국 이 옥사, 임오화변(감히 옥사라는 말을 쓰지 못하고 이후 역사가들은 '변이 일어났다' 정도로 적었다)은 조선 역사상 가장 큰 미스터리로 남았다. 그러다 보니 자연스럽게 여러 가지 정치적 음모론이 제기되었는데, 노론과 소론의 권력 다툼에 사도세자가 희생되었다는 설이 가장 유명하다. 한마디로 노론의 권력이 너무 강해 소론을 지지하는 세자를 제거하려 했고, 결국 왕이 자기 아들을 죽여야 하는 상황에 내밀렸다는 주장이다.

하지만 재판 당시 영조의 나이는 69세로 이미 최장수 국왕의 기록을 깬 상황이었다. 즉, 당장 붕어해도 이상할 게 없는 나이였다. 더구나 사도세자는 영조의 단 하나뿐인 아들이고 세자비는 노론의 거두인 홍봉한의 딸(혜경궁 홍씨)이었다. 그렇다면 노론 입장에서는 언제 영조가 죽을지 모르는 상황에서 사도세자를 제거하기보다는 줄을 대는 쪽이 현명한 판단이었을 것이다.

정적을 제거하기 위해 옥사를 조작하는 일은 실패했을 때 당할 무참한 보복의 위험을 감수해야 한다. 상대가 왕과 가까운 종친이 라면 그 위험은 더 크다. 김우명이 삼복을 제거하려다가 간신히 목 숨만 건지고 몰락한 게 그 예다. 게다가 단순한 종친이 아니라 하나 뿐인 왕자, 유일한 왕위 계승자이다. 왕의 생각이 바뀌면 순식간에 죄인이 승자가 되고 승자가 죄인이 되는 조선의 형사 재판에서 유 일한 왕위 계승권자를 모함해 옥사를 조작한다는 건 있을 수 없는 일이다. 노론 음모설은 아무리 노론이 옥사를 이용해 반대파를 제 거하는 데 능했다 하더라도 성립하기 어렵다.

사도세자의 정신병 설도 있다. 세자의 정신병 증세가 도저히 왕 위를 계승하기 어려운 지경이라고 판단한 영조가 자칫 연산군 같은 폭군이 나올 것을 두려워하여 억지로 재판의 형식을 빌려 처단했다 는 것이다. 여러 기록을 보면 사도세자에게 정신적으로 문제가 있 었던 것은 분명하다. 『조선왕조실록』 등 공식 기록에 수록된 몇 가 지 사례를 보자.

세자가 웃으며 이야기하다가 갑자기 철편(쇳조각)을 휘둘러 사람을 때 려죽였다.
궁녀를 때리고 강간하는 일이 잦았다.
내시와 나인들을 많게는 하루에 6명까지 직접 죽였다.

옷 입는 일을 어려워하여 한 벌을 입기 위해 열 벌 이상을 지어 올려야 했고, 마음에 들지 않으면 옷에 귀신이 들렸다 하여 나인들을 벌하거나 죽였다.

이런 일들이 모두 쉬쉬하며 감춰졌지만, 사도세자가 사소한 말다툼을 하다가 자신의 후궁인 경빈 박씨(사망 당시에는 비빈이 아니라 궁녀 신분)를 때려죽이는 데에 이르자 더 이상 덮어 두기 어렵게 되었다. 경빈 박씨는 원래 인원왕후(숙종의 두 번째 계비)의 나인이다. 할머니의 시종을 몰래 누이의 방이 숨겨 두었다가 밀애하고 아이까지 낳게 한 것이다. 경빈 박씨의 죽음을 알게 된 영조는 크게 분개하며 "같이 우물에라도 빠질 듯이 아끼더니 이게 무슨 짓이냐? 네가 정녕 사람이더냐?"라며 통곡했다고 한다. 아마 이 사건을 계기로 영조는 자신의 아들이 요즘 말로 하면 사이코패스라고 확신한 모양이다.

또 사도세자는 씀씀이가 헤펐다. 잔치를 자주 열었고, 친구들에게 선물도 풍성하게 하느라 동궁전에 할당된 예산을 한두 달 만에 탕진하고, 시전 상인들에게 엄청난 빚을 얻어서 썼다. 이 역시 나중에 영조의 귀에 들어갔고, 영조는 국고를 풀어 빚을 갚아 주었는데, 그 엄청난 액수에 놀라 또다시 격분했다고 한다.

당시 조선은 유교 통치를 공식적으로 내세웠기 때문에 임금의 유교 공부는 다른 무엇보다도 중요한 것이었다. 그러나 사도세자는 공붓벌레인 영조와 달리 공부를 싫어 했고, 머리 회전도 아버지만큼 빠르지 못한 모양이었다. 사도세자는 영조가 42세라는 매우 늦은 나이에 얻은 아들이었다. 따라서 선대 왕들이 40대에 사망한 것을 알고 있는 영조 입장에서는 세자 교육에 매우 조급했을 수 있다.

더구나 세자가 어릴 때는 신하들이 세자의 총명함에 대해 칭찬을 많이 했는데 이게 독이 되었다. 영조의 기대감은 하늘을 찌를 듯 했지만 세자가 자라면서 점점 자신의 기대와 멀어지자 영조는 세자를 더 거세게 몰아붙였다. 영조가 몰아붙일수록 그 기대에 도저히 부응할 수 없었던 세자의 정신세계는 점점 황폐해졌을 것이고 결국 난폭한 행동으로 폭주했을지도 모른다. 연로한 영조는 그런 세자를 보며 연산군과 같은 비극이 다시 올까 두려웠고, 결국 억지로 죄를 뒤집어씌워 세자를 제거한 것으로 보인다.

결국 이 재판은 당쟁과 세도가문에 의한 정치싸움이라기보다는 아버지의 과도한 기대와 집착이 자식을 괴물로 만들고, 결국 이를 감당하지 못하게 되자 스스로 자식을 제거한 비극이라고 볼 수 있다.

4장

근대의 전환점이 된
재판

근대와 전근대를 나누는 기준은 무엇일까? 막스 베버는 '합리화'라고 주장
했다. 즉, 전통이나 신앙의 지배가 이성의 지배로 바뀌는 것이 근대화이다.
종교적 신념은 과학에게 자리를 내주고, 권력의 원천은 전통이나 카리스마
가 아니라 시민들의 합의로 바뀌었다. 그런 점에서 세계에 대한 설명권을
과학이 가져오는 과정, 그리고 시민들의 권리가 점점 확대되는 과정이야말
로 근대화라고 할 수 있다. 근대화는 전근대적 세력이 가만히 두고 보지 않
았기 때문에 탄압과 투쟁의 과정이었다. 여기에 소개한 재판 사례를 통해
이 탄압과 투쟁의 면모, 그럼에도 막을 수 없는 근대화의 물결을 느껴 보자.

과학혁명의 시대를
예고한 사건

갈릴레오의 종교재판

1633년 10월, 뱀처럼 날카로운 눈빛을 한 종교재판관이 피고석
에 앉아 있는 노인에게 물었다.

"피고 갈릴레오 갈릴레이는 성경의 가르침대로 모든 천체가
우리가 살고 있는 이 세상을 중심으로 돌고 있다는 것을 인정하
는가?"

종교재판관이 무시무시한 눈빛으로 갈릴레이를 노려보았다. 그
앞에 선 갈릴레이는 다만 힘없고 초라한 늙은이에 불과했다.

"인정합니다."

"피고는 지구가 태양의 둘레를 돌고 있다는 등의 이단 잡설을 주장할 것인가?"

"제 주장을 철회하고 다시는 공표하지 않겠습니다."

"그럼 판결한다. 피고는 교회의 가르침에 거역하고 이단 잡설을 퍼뜨린 죄가 인정된다. 그러나 그동안 교회에 대한 피고의 신실한 기여와 피고가 칠순을 눈앞에 둔 고령인 점, 그리고 깊이 반성한 점을 감안하여 자택에서 3년간 근신하는 것으로써 형벌을 대신하기로 한다. 피고가 근신할 자택은 스스로 고를 수 있다."

실로 예상보다 훨씬 관대한 처분에 갈릴레이가 안도의 한숨을 내쉬었다.

"아량을 베풀어 주셔서 감사합니다. 예하."

종교재판관에게 연신 굽실거리며 경의와 감사를 표한 갈릴레이는 아무도 듣지 못할 정도의 낮은 목소리로 조심스럽게 중얼거렸다.

"그래도 지구는 돈다."

중세와 근대를 가르는 분수령이 된 갈릴레이 재판의 한 장면이다. 이 재판은 흔히 종교와 과학, 신앙과 이성의 대결, 그리고 과학과 이성의 시대로의 전환이 이루어지는 상징적인 사건으로 받아들여진다. 그리고 갈릴레이는 이 상징적인 사건에서 과학과 이성의 제단 위에 용감하게 선 진리의 순교자처럼 묘사되곤 한다. 그런데 과연 그랬을까? 이 재판의 깊은 속 이야기로 들어가 보자.

먼저 이 재판을 이해하려면 갈릴레오라는 인물을 좀 더 살펴볼 필요가 있다.

갈릴레오 갈릴레이Galileo Galilei는 1564년 이탈리아 피사에서 태어났다. 11세에 수도원 학교에 다녔지만, 수도원에서 가르치던 아리스토텔레스Aristoteles의 물리학과 논리학에 불만을 품고 수학에 몰두했다. 아리스토텔레스의 학설에 불만을 품는다는 것은 교회에 대한 도전이나 다름없었다. 당시 가톨릭교회는 아리스토텔레스를 '그 철학자'라는 대명사로 부를 정도로 존중했기 때문이다.

수도원 학교를 마친 갈릴레오는 피사 대학에서 의학 공부를 하다 수학으로 전공을 바꾸었고, 1589년에는 피사 대학의 수학 교수가 되었다. 이때부터 같은 무게의 진자는 운동하는 거리와 무관하게 왕복에 걸리는 시간이 같다는 진자 운동의 법칙, 무거운 물체나 가벼운 물체나 부피가 같다면 떨어지는데 걸리는 시간은 같다는 낙하체의 법칙 등을 증명했는데, 모두 아리스토텔레스의 이론이 틀렸음을 증명하는 것이었다. 즉 교회의 가르침에 생채기를 내기 시작했다.

갈릴레오의 인생은 코페르니쿠스Nicolaus Copernicus의 『천체의 회전에 관하여De revolutionibus libri sex』를 읽기 전과 후로 달라진다. 그는 코페르니쿠스 이론에 탄복하고 지구가 태양의 둘레를 돈다는 지동설을 지지하게 되었다. 1609년에는 직접 천체관측용 망원경을 제작해 코페르니쿠스 이론의 올바름을 증명할 천문학적 증거를 수집했다. 그 증거들을 모아서 발간한 책이 무려 55판까지 발행될 정도로 큰 인기를 끌었던 『시데레우스 눈치우스*Sidereus Nuncius*, 별의 전령』이다.

이렇게 보면 진리 앞에 굽힘 없는 외골수 과학자가 떠오를 것이다. 하지만 갈릴레오도 다른 사람과 마찬가지로 권력자들과 친분을 갖고 싶어 했으며 출세하고 싶다는 욕망이 있었다. 그래서 이탈리아에서 가장 강력한 세력을 가지고 있었던 피렌체의 메디치 가문 통치자에게 『시데레우스 눈치우스』를 바쳤으며, 자신이 발견한 목성의 위성 4개에 메디치 가문 4형제의 이름을 붙이는 등 상당한 아부를 했다.

이런 노력 덕분에 갈릴레오는 메디치 가문의 수석 수학자이자 철학자가 되어 부와 명예를 얻었고, 상류층 인사들은 물론 교황청의 고위 성직자들과도 꽤 돈독한 친분을 쌓았다. 1611년 교황 바오로 5세*Paulus V*의 초대를 받아 교황 알현 시 무릎을 꿇지 않는 특권을 누릴 정도였다.

그러니 과학적 진리를 지키기 위해 교회의 가르침을 거역하면서까지 어떤 고난도 달게 받겠다는 생각 따위는 없었다. 갈릴레오가 아리스토텔레스의 이론을 과감하게 반박할 수 있었던 것 역시 그래도 되었기 때문이다. 알려진 바와 달리 가톨릭교회는 개신교에 비해 코페르니쿠스의 지동설에 비교적 관대했다(코페르니쿠스의 책이 교황청 금서가 된 것은 한참 뒤인 1616년의 일이다). 코페르니쿠스 자신도 대주교까지 지낸 성직자였고, 교황청의 고위 성직자 중에서도 코페르니쿠스의 지동설을 비롯하여 여러 과학적 발견에 거부감이 없는 경우가 많았다. 말하자면 당시 교회는 한결같이 과학에 적대적인 고리타분한 사람들의 집단이 아니라 진보와 보수로 나뉘어 있었던 셈이다.

그런데 토마소 카치티Tommaso Caccini라는 보수적인 성직자가 지동설이라는 이단을 퍼뜨린다며 갈릴레오를 고발하는 사건이 일어났다. 갈릴레오는 카치티의 고발을 그리 두려워하지 않았다. 그래서 직접 교황 앞에서 해명하려고 로마로 가려 했다. 하지만 종교개혁이 거세지면서 매우 예민해진 당시 교황청은 '새로운 것'이라면 무엇이든 경계하는 예민한 보수파들이 장악하고 있었다. 특히 이들 사이에서는 성서주의가 널리 받아들여지고 있었기 때문에, 성경에 기록된 것과 다른 사실을 말할 수밖에 없는 과학자들은 매우 위험한 처지에 빠질 수 있었다.

이런 분위기를 알고 있었던 갈릴레오의 친구 로베르토 벨라르미노Roberto Bellarmino 추기경은 편지를 보내 이렇게 당부했다.

절대로 로마에 가지 말게. 지금 로마는 과학과 수학을 들어 성직자들을 설득할 수 있는 분위기가 아니네. 지금 교회는 어떤 종류의 반대나 이견에도 민감하네. 오히려 설득하려다가 큰 탈이 날 수 있네. 지금 자네에게 필요한 것은 교회의 가르침에 절대 대들지 않겠다는 다짐이네. 그것만 보여 주면 교황청에 있는 자네의 후원자들이 이 고발을 없던 것으로 만들 수 있네. 갈릴레오, 다음 두 가지를 맹세하기 바라네. 첫째, 코페르니쿠스 천문학을 옹호하지 않는다. 둘째, 코페르니쿠스 천문학을 가르치지도 않는다. 이 두 가지 약속을 해 준다면 자네가 당한 고발을 취하할 수 있네. 지금 성서의 가르침, 교회의 공식 철학자인 아리스토텔레스의 이론에 도전하는 것은 대단히 위험하네. 지금 교황청은 1611년의 교황청이 아닐세.

눈치 빠른 갈릴레오는 얼른 두 가지 맹세를 했고, 고발은 없던 것이 되었다. 이후 20년간 갈릴레오는 조용히 지냈다.

1624년, 새 교황 우르바노 8세Urban Ⅷ가 즉위했다. 우르바노 8세와 절친했던 갈릴레오는 즉위식 참석차 로마에 갔고 교황으로부터 환대를 받았는데, 메달과 교회 장려금 등 많은 선물을 받았다는 기록이 남아 있다.

절친한 친구가 교황이 되자 갈릴레오는 슬슬 근신 상태를 풀어야겠다고 생각했다. 그래서 여러 해에 걸쳐 천동설과 지동설을 논쟁적으로 대결시키는 책 『두 가지 주요 세계관에 관한 대화Dialogo sopra i due massimi sistemi del mondo』를 썼다. 마침내 1633년에 책을 완성하여 친절하고 충성스럽게도 이 책을 출판해도 되겠는지 교황청에 미리 원고를 보내 검열을 받았는데, 이게 문제가 되었다.

교황청에서 계속 주장을 철회하라는 요청이 들어왔지만 갈릴레오는 응하지 않았다. 교황이 친구이고, 이전에도 교황은 그의 지동설을 옹호했기 때문에 문제없을 것이라 생각했던 것이다. 하지만 주장을 철회하라는 요청이 바로 교황의 친구로서의 배려였음을 나중에야 깨닫는다. 아마 갈릴레오가 아닌 다른 사람이 이 책을 내놓았다면 바로 체포되었을 것이다. 결국 갈릴레오는 체포되어 로마의 종교재판소로 끌려갔다.

"갈릴레오 갈릴레이, 당신은 교회 앞에서 한 서약을 깨뜨렸다."

"저는 그런 적이 없습니다."

"코페르니쿠스의 지동설을 옹호하지도 가르치지도 않는다고 서약한 것을 잊었는가? 그 서약을 깨고 이렇게 지동설을 옹호하고 가르치는 책을 출판하려 했으니 이단으로 심판할 수밖에 없다."

"그렇지 않습니다, 예하. 저는 절대 지동설을 옹호하거나 가르치려 하지 않았습니다. 이 책은 그저 두 세계관, 그러니까 천동설과 지동설을 소개하는 책입니다. 그래서 천동설을 주장하는 사람과 지동설을 주장하는 사람이 동등하게 이야기를 나누는 방식으로 썼습니다. 단연코 이 중 어느 한쪽이 옳다는 식의 글은 쓰지 않았습니다. 게다가 천동설은 교회의 가르침이 아닙니다. 고대 그리스에 살았던 이교도 학자 프톨레마이오스Ptolemaeus와 소요학파의 주장일 뿐입니다. 무슨 이유로 천동설이 교회의 가르침이며, 지동설을 옹호하는 것이 교회를 부정하는 것이라 말씀하십니까? 천동설이든 지동설이든 창조주이신 하느님의 오묘한 진리를 더 잘 설명할 수 있다면 그 것이 바로 교회의 가르침에 맞는 것이 아니겠습니까?"

"무슨 말을 하는 것이냐? 그러면 그대는 지금 하느님의 뜻에 맞는 진리가 무엇인지를 교회가 정하지 않고, 누구라도 연구해서 그 럴듯하게 꾸며 놓으면 교회가 거기에 따라야 한다고 주장하고 있는 것이냐?"

"하지만 천동설은 제우스를 믿던 이교도 프톨레마이오스가……"

"천동설을 누가 만들었는지는 중요하지 않다. 중요한 것은 지금 교회에서 천동설을 가르치고 있다는 것이다. 그런데 그대는 지금 알량한 수학 지식과 천문 지식이 있으면 누구라도 교회에서 가르치 는 세계관을 부정할 수 있다고 주장하는 것이 아니냐? 글자만 읽을 수 있으면 교회의 정당한 교리를 부정하고 자기 멋대로 성경을 해 석할 수 있다고 주장하는 이단자 루터Martin Luther의 주장과 무엇이 다르단 말이냐?"

갈릴레오는 순간 등골이 오싹해졌다. 처음에는 이 재판이 오해 에서 비롯된 것이라고 생각했다. 그리고 교황이 친구인 만큼 성심 껏 변명하고 설명하면 쉽게 풀려날 수 있으리라 생각했다. 하지만 상황은 그가 생각한 것보다 훨씬 심각했다.

당시 가톨릭교회는 천동설이냐 지동설이냐를 따지는 일에는 관심이 없었다. 관심 있는 것은 오직 하나, 진리에 대한 해석과 판단을 교회가 아닌 일반인들이 할 수 있느냐를 따질 뿐이었다. 설사 현재 교회가 가르치고 있는 지식이 틀린 것이라 할지라도 그것을 교정할 권한은 교회에 있지 과학자에게 있지 않다는 것이 교회의 입장이었다. 그 당시까지만 해도 수도원 학교에서는 천동설을 가르치고 있었다. 그러니 설사 천동설이 틀렸다 해도 민간 과학자들이 지동설을 주장하고 천동설이 틀리다는 것을 공공연하게 말하게 둘 수 없었다. 만약 이를 허용하면 성경에 대한 해석권도 교회가 독점할 수 없고, 결국 성경에 대한 다양한 해석 가능성을 열어놓아 그렇지 않아도 들불처럼 번지던 종교개혁에 기름을 끼얹는 꼴이 될 것이기 때문이다.

사태를 파악한 갈릴레오는 고개를 숙이고 침묵을 지켰다. 그의 침묵을 지켜보던 재판관이 한마디 던졌다.

"교황 성하께서는 친구인 그대의 배신에 몹시 상심하셨다."

"배신이라뇨? 당치 않습니다."

"이전 교황이 계실 때는 얌전히 서약을 지키고 있다가 성하께서 등극하시자 기다렸다는 듯이 다시 지동설을 들먹거리고 있으니, 이것이 교황 성하의 우정을 빙자하여 뒤통수를 치는 것이 아니고 무엇이겠는가? 그럼에도 교황 성하께서는 그대의 방자한 주장을 철회할 기회를 여러 차례 주셨다. 하지만 그대는 그때마다 거부했다. 그리하여 교황 성하께서는 친구에게 배신당한 슬픔에 괴로워하고 계신다."

갈릴레오는 이 재판에서 이길 수 없음을 깨달았다. 그가 믿고 있었던 것은 교황이 친구라는 것인데, 교황이 배신감에 치를 떨고 있다고 하니 도저히 가망이 없었다. 교황이 된 친구는 지동설을 철회할 기회를 남들보다 더 많이 베풀어 줌으로써 의리를 다한 것이었다. 교황은 결코 지동설까지 동조해 줄 생각이 없으며, 친구라 하더라도 교회의 가르침을 부정하는 꼴을 용납할 수 없었다. 결국 갈릴레오는 묵묵히 판결에 복종할 수밖에 없었던 것이다. 그래도 친구인 교황이 목숨만은 살려줄 것이라 믿으면서.

판결이 나왔다. 교황의 친구이고 교황청에 연줄도 많은 덕분에 3년간의 금고형에 처해졌다. 종교재판 하면 떠오르는 화형이나 가혹한 고문형 없이 비교적 관대한 처분에 그친 것이다. 감옥이 아니라 본인이 지정한 자택에 연금되는 것이니 엄청난 감형이었다. 굳이 "그래도 지구는 돈다"라고 중얼거리면서 이 관대한 처분을 철회시킬 이유가 없었다. 세간에 알려진 바와 달리 갈릴레오는 결코 저 말을 하지 않았다.

갈릴레오는 즉시 밀라노의 통치자였던 토스카나 대공의 저택으로 갔다. 말이 좋아 가택 연금이지 거대한 저택에서 부족함 없이 지낼 수 있었다. 그다음에는 시에나 대주교 관저에서 지냈고, 마지막에는 피렌체 근교의 별장에 머물면서 손님들을 맞이하는 등 상당히 여유 있는 삶을 살았다고 한다. 단, 출판이나 강연은 금지되었으며 지금까지 썼던 모든 책이 금서가 되는 아픔을 겪어야 했다.

갈릴레오의 종교재판은 진리의 결정권을 누가 가지고 있느냐에 대한 재판이었다. 그리고 갈릴레오가 굴복함으로써 일단 진리의 결정권은 교회가 가졌다. 당시 교황청은 천동설, 지동설의 내용에는 아무 관심이 없었다. 다만 교회가 천동설을 지지하면 그것이 진리라는 것이 중요했다. 하지만 이미 재판을 해서 억지로 과학자의 주장을 철회시켜야 했다는 것 자체가 교회의 위상이 그만큼 실추되었음을 뜻했다. 그리하여 본의 아니게 이 재판은 이후 밀물처럼 몰려올 과학혁명의 세기를 상징하는 사건이 되었다.

코페르니쿠스의 『천구의 회전에 관하여』

역사상 가장 유명한 금서일 것이다. 널리 알려진 바와 같이 고대부터 받아들여져 온 프톨레마이오스의 지구중심설에 반대하는 태양중심설을 주장한 책이다. 단지 주장만 한 것이 아니라 엄밀한 천문 관측 기록과 수학 및 기하학을 동원한 빈틈없는 증명까지 제시하고 있다. 태양중심설이 문제가 되는 까닭은 신이 인간을 사랑하여 우주의 중심에 두었다는 교회의 가르침을 부정했기 때문이다.

스피노자(Spinoza)의 모든 저서

스피노자는 17세기 당시 가장 위험한 사상가로 통했다. 특히 신체와 영혼을 같은 실체의 서로 다른 측면이라고 주장하여 타락한 신체, 구원받는 영혼이라는 이원론에 기반한 크리스트교 교리를 사실상 부정했다. 가톨릭과 프로테스탄트를 막론하고 스피노자의 위대한 저서 『에티카』를 비롯한 모든 저서를 하나도 남김없이 금서로 지정했다.

홉스(Hobbs)의 『리바이어던』

"만인의 만인에 대한 투쟁"으로 유명한 근대 정치학의 가장 중요한 저서이지만 당시에는 금서였다. 자연상태를 매우 비참하게 묘사한 것은 크리스트교 교리와 크게 부딪치지 않았지만, 신의 은총이 아니라 인간들끼리 모여 사회계약을 통해 평화를 얻을 수 있다는 학설은 사실상 교회의 역할을 부정한 것이나 다름없었기 때문이다. 특히 홉스의 모교인 옥스포드 대학에서는 그의 저작을 공개적으로 불태우는 행사를 벌이기까지 했다.

공자의 맹자의 저서들

진나라 시황제는 철저한 법가 신봉자로, 법가를 제외한 제자백가는 모두 세상을 혼란스럽게만 할 뿐이라 여겼다. 그리하여 전국시대를 통일한 뒤 법가에 관한 책과 각종 실용적인 기술과 관련된 책을 제외한 천하의 모든 책을 수거하여 불태웠고, 책을 숨기고 있다 발각되면 생매장이라는 잔혹한 방법으로 죽이기까지 하였다. 바로 책을 불태우고 학자를 매장한다는 악명 높은 '분서갱유'다. 인류 역사상 가장 끔찍하고 광범위한 금서 지정이 아니었을까 싶다. 그러나 이 와중에도 용감한 학자들은 책을 벽돌 사이에 집어넣고 그 위에 회칠을 하는 등 갖가지 방법을 써서 목숨을 걸고 책을 지켰다. 오늘날 우리가 보는 『논어』, 『맹자』는 다 이런 식으로 아슬아슬하게 감춰졌던 책이다.

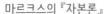

마르크스의 『자본론』

마르크스의 『자본론』은 사회주의, 공산주의의 바이블로 알려져 있다. 그래서 반공을 국시로 내걸었던 1970~1980년대의 우리나라에는 이 책을 출판하는 것은 물론 외국에서 독일어판, 영어판을 들여오는 것도 철저히 금지되어 있었다. 심지어 이 책을 소지하고 있다는 이유만으로도 감옥에 갈 수 있었다. 그런데 지금은 서점에서 쉽게 구입해 볼 수 있고, 청소년을 위해 쉽게 풀어 쓴 판본들도 나오고 있다.

법 앞의 평등을
묻다

메리 스튜어트의 재판

1587년 2월 8일, 프랑스의 왕비이자 스코틀랜드의 여왕이었던 메리 스튜어트Mary Stuart가 처형장에 섰다. 180센티미터의 당당한 체구와 아름다운 용모를 자랑했던 것도 옛날이야기. 40대 중반을 넘어선 지금은 걸어 다니는 것만으로도 숨이 찰 정도로 비대한 몸 집이었다.

"이쪽으로 오시오."

집행관은 상대의 신분이 신분인지라 정중하게 메리 스튜어트를 안내했다.

"나는 이제 와서 목숨을 아깝게 여기지는 않노라."

메리 스튜어트가 근엄한 목소리로 말했다.

"다만 내가 죽거든 다음과 같은 것들을 꼭 해 주기 바란다. 첫째, 나는 스코틀랜드도 잉글랜드도 싫다. 프랑스에 묻어 달라. 그리고 나의 유산과 연금은 모두 끝까지 나를 잘 섬긴 시종과 시녀 들에게 나눠 주기 바란다."

"자, 들어라. 잉글랜드의 통치자 엘리자베스 1세 여왕 폐하의 명에 의하여 반역죄를 저지른 메리 스튜어트의 처형을 거행하겠다."

"나는 반역죄를 저지른 적이 없다. 고모가 나의 목숨을 원한다니 내줄 뿐이다. 나는 스코틀랜드의 여왕이자 잉글랜드의 적법한 왕위 계승자다. 반역이 무엇인가? 왕을 거역하는 것이다. 나는 적법한 나의 자리를 찾으려 했을 뿐이다. 그것이 어떻게 반역이 된단 말인가? 왕이 어떻게, 누구에게 반역을 한단 말인가? 나는 어떤 죄도 짓지 않았다."

메리 스튜어트의 항변에 집행관은 묵묵부답이었고, 도부수가 묵직한 도끼를 들고 다가왔다. 어쩔 수 없는 최후가 다가온 것을 깨달은 메리 스튜어트는 머리를 단두대 위에 올리고 기도문을 외웠다.

"주여, 당신께 내 영혼을 맡기나이다."

기도문을 외우던 목소리가 뚝 끊어졌다. 도부수가 도끼를 휘두른 것이다. 하지만 불행히도 빗맞아 숨통이 끊어지지 않았고, 두 번째 일격을 가하자 비로소 숨이 끊어졌다. 그리고 세 번째 일격에 목이 잘려 나갔다. 이렇게 프랑스 왕비, 스코틀랜드 여왕, 그리고 잉글랜드 왕위 계승 서열 1위(당시 스코틀랜드와 잉글랜드는 별개의 왕국)라는 고귀한 신분을 가진 메리 스튜어트가 처형당했다.

메리 스튜어트의 처형 소식은 곧장 잉글랜드 여왕 엘리자베스 1세Elizabeth I에게 보고되었다. 보고를 받은 엘리자베스 1세는 버럭 화를 냈다.

"폐하의 왕위를 위협하고, 잉글랜드의 신교를 위협하던 가톨릭 세력의 우두머리가 죽었습니다. 화를 내실 일이 아닙니다."

"무슨 소리냐? 일국의 왕이었고, 이 나라의 왕이 될 자격을 가진 사람을 재판하고 죄인으로 처형했다. 이게 말이 되는 소리인가? 경들이 고집을 부려서 집행 명령서에 서명했지만, 이건 영 잘못된 일이다. 잘못된 일이고말고."

신하들은 여왕이 이렇게 역정을 내는 까닭을 이해할 수 없었다. 메리 스튜어트의 처형으로 가장 큰 이익을 보는 사람이 다름 아닌 엘리자베스 1세였기 때문이다. 메리 스튜어트의 존재는 엘리자베스 1세의 왕위에 가장 큰 위협이었다. 엘리자베스 1세는 슬하에 자식이 없었고, 형제도 모두 자식 없이 일찍 죽었다. 따라서 5촌 조카인 메리 스튜어트, 그리고 그녀의 아들 제임스 6세James VI 외에는 왕위를 계승할 사람이 없었다. 메리 스튜어트는 엘리자베스 1세가 등극할 당시부터 자신이 더 정통 왕위 계승자라고 주장했으며, 사실상 스스로를 합법적인 잉글랜드의 여왕으로 여겼다. 그런 존재를 제거했으니 엘리자베스 1세의 권력은 아주 탄탄해진 셈이다. 하지만 엘리자베스 1세는 찜찜한 속내를 감출 수 없었다. 왕 혹은 왕의 자격을 갖춘 사람을 법으로 심판했다는 것, 그 사실이 마음에 들지 않았던 것이다.

프랑스의 루이 14세가 "짐이 곧 국가다"라고 했을 만큼 이 무렵의 유럽은 이른바 절대왕정의 시대였다. 엘리자베스 1세도 "짐은 영국과 결혼했다"라는 말을 남긴 바 있다. 얼핏 들으면 겸손으로 들리지만, 결국 "내 남편은 잉글랜드"란 뜻이니 루이 14세의 말과 별로 차이가 없는 말이다. 이렇게 왕이 자신을 국가와 동일한 존재로 선언하는 시대에는 왕이 법이며 법이 곧 왕이다. 그런데 왕이 어떻게 법의 지배를 받고, 법의 심판을 받는가? 이는 왕 역시 일반 인민들과 같은 사람임을 인정하지 않고서는 곤란하다.

"왕을 반역 혐의로 처벌할 수 있는가?"

이 질문은 매우 중요한 의미를 가지며, 절대왕정의 관점에서는 절대 용납될 수 없는 물음이었다. 왕이 반란을 일으킨다? 누구에게? 국가에? 그런데 왕이 곧 국가다. 그러니 왕의 반역은 자기 자신에 대한 배신일 뿐이다. 자기 자신을 배신한 것에 도덕적인 비난은 가능하다. 그러나 국가의 법은 어떻게 적용해야 할까? 이는 왕을 국가를 이루는 국민 중 한 사람으로 취급할 수 있을 때 비로소 가능하다. 따라서 왕을 반역 혐의로 재판한다는 것은 절대왕정이 해체되고 오늘날과 같은 입헌주의, 즉 법 앞의 평등이라는 원칙이 시작된다는 것을 뜻한다. 정치적으로 영민한 엘리자베스 1세는 이 사실을 직감했는지도 모른다. 그리고 자기 스스로 왕권의 정당성을 부정한 조치를 허락한 것은 아닐까 걱정하고 있었을지도 모른다.

그렇다면 메리 스튜어트는 도대체 어떤 인물이기에 이토록 복잡한 상황을 만들었을까? 스코틀랜드의 여왕이었던 인물이 잉글랜드 왕권과는 무슨 관계였을까?

일단 당시 잉글랜드의 정세가 복잡했다. 잉글랜드는 가톨릭교회에서 이탈하여 헨리 8세가 창설한 성공회로 개종하고 개신교 국가를 자처했다. 하지만 여전히 적지 않은 가톨릭 신자들이 있었고 이 중에는 유력한 귀족들도 있었다. 엘리자베스 1세는 개신교 세력을 등에 업고 왕위에 올랐다. 따라서 가톨릭 세력들의 반발이 심했고, 그들은 메리 스튜어트를 적법한 왕위 계승자라고 주장하며 엘리자베스 1세에게 반감을 드러냈다.

당시 잉글랜드와 스코틀랜드는 부계뿐 아니라 모계로도 왕위 계승권을 인정했다. 즉, 아버지가 왕자일 경우뿐만 아니라 어머니가 공주라도 왕위 계승 서열이 생기는 것이다. 그리고 잉글랜드와 스코틀랜드 왕가는 이런저런 혼맥으로 얽혀 있었기 때문에 잉글랜드의 왕족이 스코틀랜드 왕위 계승권을, 스코틀랜드 왕족이 잉글랜드 왕위 계승권을 가지는 경우가 드물지 않았다.

잉글랜드 왕 헨리 7세의 딸 마가렛 공주(엘리자베스 1세의 고모)가 메리 스튜어트 족보의 시작이다. 마가렛 공주는 스코틀랜드 왕 제임스 4세와 결혼하여 아들 제임스 5세를 낳았고, 제임스 5세가 프랑스 왕족 마리 드 기스Marie de Guise와 결혼하여 메리 스튜어트를 낳았다. 그런데 제임스 5세는 메리 스튜어트가 태어나자마자 죽었기 때문에 메리 스튜어트는 갓난아기 때부터 명목상 스코틀랜드의 여왕이 되었다. 물론 실권은 마리 드 기스에게 있었다.

메리 스튜어트는 스코틀랜드보다는 외가인 프랑스에서 더 많은 시간을 보냈으며, 프랑스 왕 프랑수아 2세와 결혼하여 프랑스의 왕비가 되었다. 즉, 스코틀랜드의 여왕이며 프랑스의 왕비, 그리고 잉글랜드 여왕 엘리자베스 1세의 5촌 조카이자 가장 가까운 친척(즉, 왕위 계승 서열 1위)이 된 것이다.

메리 스튜어트는 이렇게 고귀한 신분이었지만 그다지 행복한 삶을 살지는 못했다. 시어머니인 카트린 드 메디시스Catherine de Médicis는 권력욕이 강한 여성이었고, 왕권 강화를 위해 세도가인 기스 가문을 견제했다. 그래서 기스 가문의 외손인 메리 스튜어트를 달갑게 생각하지 않았다. 엎친 데 덮친 격으로 남편인 프랑수아 2세가 병으로 일찍 죽자 시동생인 앙리 3세가 왕이 되었다. 이렇게 되자 프랑스에서 메리 스튜어트의 입지는 좁아질 수밖에 없었다.

스코틀랜드 상황도 좋지 않았다. 당시 스코틀랜드는 존 녹스John Knox를 중심으로 하는 개신교와 마리 드 기스를 수장으로 하는 가톨릭 간의 내전이 한창이었다. 처음에는 가톨릭이 승기를 잡은 듯했지만, 잉글랜드가 존 녹스를 지원하면서 전세가 역전했다. 그러자 마리 드 기스가 친정인 프랑스를 끌어들여 결국 스코틀랜드에서 국제적인 전쟁이 일어나고 말았다. 이 전쟁에서 잉글랜드가 프랑스를 격파하고, 또 마리 드 기스도 얼마 지나지 않아 사망함으로써 사실상 스코틀랜드는 개신교 세력이 장악했다.

이런 어수선한 상황에서 메리 스튜어트는 스코틀랜드로 돌아와 여왕으로서 정식 등극했다. 그러나 영어도 제대로 할 줄 몰라 거의 프랑스어로만 의사소통이 가능한 데다, 가톨릭 신자인 여왕의 정치적 입지는 취약했다. 그래서 스코틀랜드의 유력한 귀족인 헨리 스튜어트 단리Lord Henry Stuart Darn'ley와 정략결혼을 해 현지 세력의 힘을 얻으려 했다.

그런데 남편 단리 경은 방탕하고 거친 성품의 주정뱅이로, 두 사람 사이에 아들 제임스 6세(훗날 영국의 제임스 1세)가 있었지만, 부부 사이는 매우 냉랭했다. 메리 스튜어트는 남편 대신 유력한 귀족 보스웰 백작과 가깝게 지냈는데, 단리 경이 살해당하는 사건이 일어나 여왕의 남편이 되고 싶어 한 보스웰 백작이 범인으로 의심받았다. 게다가 보스웰 백작은 단리 경이 죽자 아내와 강제로 이혼한 뒤 끝내 메리 스튜어트와 결혼했다. 누가 봐도 보스웰 백작이 범인이라는 정황이 충분했다. 그러자 남편이 끔찍하게 살해당한 뒤 불과 20일 만에 남편의 살인범으로 의심받는 자와 결혼한 메리 스튜어트에게도 비난의 손가락질이 쏟아졌다. 원래부터 반대파였던 개신교는 물론 메리 스튜어트의 지지 기반이었던 가톨릭도 비난에 동참했다.

가톨릭과 개신교로 분열되어 있던 스코틀랜드는 역설적이게도 메리 스튜어트 덕분에 하나로 뭉친다. 대부분의 귀족이 모여 그녀의 폐위에 찬성한 것이다. 이들은 메리 스튜어트에게 몰려가 왕위를 아들 제임스 왕세자(당시 생후 10개월)에게 물려주라고 강요했다. 메리 스튜어트는 거부했지만, 단리 경이 살아 있는 동안 보스웰과 주고받은 연애편지를 공개하겠다는 협박에 굴복하고 말았다. 결국 메리 스튜어트는 보스웰의 아이를 임신한 상태로 감금되었다가 유산하고 군사를 모아서 왕위를 되찾으려 했지만 참패한 후 잉글랜드로 망명한다.

엘리자베스 1세는 왕위 계승 서열 1위인 메리 스튜어트의 망명이 영 껄끄러웠다. 메리 스튜어트는 엘리자베스 1세가 사망할 경우 즉시 잉글랜드의 여왕으로 등극할 신분이었고, 인접한 강대국 프랑스와 스페인은 아예 메리 스튜어트가 정통성을 가지고 있다고 주장할 정도였기 때문이다.

엘리자베스 1세가 인정받지 못한 것은 그녀의 어머니 앤 불린 Anne Boleyn이 헨리 8세와 정식으로 결혼하지 않은 상황에서 그녀를 가졌기 때문이다. 즉, 정식 공주가 아니라 서얼이라는 것이다. 심지어 앤 불린을 왕비로 삼았다가 처형한 헨리 8세는 처형과 동시에 앤 불린에게 내렸던 왕비의 칭호도 거두었으며, 공식적으로 엘리자베스 1세를 정식 공주가 아니라 '사생아'라고 지칭했다.

반면 메리 스튜어트는 헨리 7세의 흠잡을 곳 없는 정통 후손이다. 헨리 8세의 자녀는 모두 셋인데, 에드워드 왕자와 메리 공주는 자식 없이 죽었다. 그리고 엘리자베스는 왕이 직접 정통성을 부정했다. 그렇다면 당연히 다음 계승 서열은 헨리 8세의 누이인 마가렛 공주의 후손 쪽으로 넘어간다. 바로 메리 스튜어트다. 그래서 메리 스튜어트는 공식 외교 문서에 당당하게 '잉글랜드와 스코틀랜드의 여왕, 메리 스튜어트'라고 썼다. 법리적으로 따지면 분명 엘리자베스 1세가 아니라 메리 스튜어트가 잉글랜드의 여왕이 되어야 했다.

그런 메리 스튜어트가 스코틀랜드의 왕위를 빼앗기고 잉글랜드로 왔다. 메리 스튜어트에게는 잉글랜드의 왕위를 차지하기 위해 엘리자베스 1세를 해칠 동기가 충분했다. 특히 잉글랜드의 가톨릭 세력이 그녀를 중심으로 뭉칠 가능성이 컸다.

이런 위험을 무릅쓰고 엘리자베스 1세가 메리 스튜어트의 망명을 받아들인 까닭은 그녀 역시 메리 스튜어트의 퇴위 과정에 분노했기 때문이다. 신하들이 협박하여 여왕을 강제 퇴위시키다니 용납할 수 없는 일이었다.

"고모로서 조카의 불운에 공감하며, 저 불측한 신하들에게 합당한 벌을 내리고 정당한 스코틀랜드 왕위를 빨리 되찾기 바라며, 이를 적극 돕겠다."

대략 이 정도가 엘리자베스 1세의 입장이었다. 엘리자베스는 메리 스튜어트를 도와서 그녀가 하루빨리 스코틀랜드 여왕으로 돌아가게 할 생각이었다. 그래야 빨리 잉글랜드에서 내보낼 수 있으니.

그러나 스코틀랜드 귀족들은 메리 스튜어트가 계속 왕위를 되찾고자 한다면, 그녀가 보스웰 백작과 저지른 불륜은 물론 그와 공모해 남편을 살해한 증거를 공개해 유럽 어디에도 발 붙이지 못하게 하겠다고 협박했다. 메리 스튜어트가 협박에 굴복하여 스코틀랜드 왕위 탈환을 포기하자 엘리자베스 1세의 계획도 틀어졌다. 프랑스나 스페인의 지원을 받아 쳐들어올 가능성도 배제할 수 없어 잉글랜드 바깥으로 내보낼 수도 없었다.

실제로 노퍽 공작4th Duke of Norfolk을 중심으로 하는 가톨릭 세력이 메리 스튜어트를 잉글랜드 군주로 추대하려는 음모를 꾸미다 발각되었다. 메리 스튜어트가 이 음모를 알고 있었는지는 모른다. 노퍽 공작을 포함하여 여러 귀족이 처형되었지만, 메리 스튜어트는 재판을 받지 않았다. "왕은 형사 재판을 받지 않는다"라는 주장이 받아들여져 처벌을 면하고 자택에 유폐되었다. 하지만 유폐지의 일정 구역을 벗어날 수 없을 뿐 넉넉한 연금과 많은 하인을 거느리고 좋은 식사를 하며 사냥 등 야외활동까지 즐길 수 있었다.

개신교 세력이 장악한 의회에서는 틈만 나면 가톨릭의 구심점이 될 수 있는 메리 스튜어트를 처형해야 한다고 주장했지만, 엘리자베스 1세 역시 "왕은 형사 재판을 받지 않는다"는 주장에 동조했다. 만약 메리 스튜어트에게 법을 적용해 처형한다면, 엘리자베스 자신도 법의 이름으로 심판받고 처형당할 수 있다는 선례가 남기 때문이다. 엘리자베스 1세는 그런 선례를 만들고 싶지 않았다.

그렇게 18년의 유폐 생활이 흘러갔다. 그런데 메리 스튜어트는 얌전히 유폐 생활만 하고 있지는 않았다. 1586년 6월, 부유한 가톨릭 가문의 젊은 귀족 앤서니 바빙턴Anthony Babington과의 만남이 그녀를 파멸로 몰고 갔다. 바빙턴은 꽤 넓은 인맥을 가지고 있었는데, 이를 통해 모인 동지들과 함께 엘리자베스 1세를 암살하고, 프랑스의 힘을 빌려 메리 스튜어트를 잉글랜드 여왕으로 등극시킬 계획을 세웠다. 그리고 비밀리에 메리 스튜어트에게 이와 같은 내용의 편지를 보내고 허락을 구했다.

메리 스튜어트는 자신의 처지를 동정하는 바빙턴에게 감사한다는 말 외에는 어떤 승인의 의사도 밝히지 않았다. 하지만 편지가 계속 오가자 마침내 7월 13일에 아주 대담한 편지를 써서 바빙턴에게 보냈다.

병력이나 군자금은 충분한지요? 그리고 무기는 어떻게 획득하고 어떻게 보급할 것인지요? 스페인의 지원을 받아야 할 텐데 어떤 계획이 있나요? 잉글랜드 해안에 상륙하여 런던으로 침공할 루트는 어떻게 되는지요? 이런 것들을 꼼꼼히 챙기시기 바랍니다. 짐이 잉글랜드 여왕에 등극하는 시기는 빠를수록 좋습니다. 왕위를 오래 비워 둘 수 없으니까요. 그리고 이 편지는 흔적이 남지 않게 재빨리 태워 버리시기 바랍니다.

하지만 두 사람은 이 편지가 총리대신인 월싱검 손에 들어갈 것이라고는 생각도 못했다. 월싱검은 둘 사이에 오가는 편지를 모두 검열하고 있었다. 오직 메리 스튜어트가 반역 음모에 가담했다는 증거가 나오기만을 기다렸던 것이다. 바빙턴도 메리 스튜어트도 월싱검이 파놓은 함정인지도 모르고 손바닥 안에서 놀아난 셈이었다.

바빙턴을 포함한 6명의 반역자들은 즉각 체포되어 유죄를 선고받고 처형되었다. 월싱검은 메리 스튜어트의 처형 역시 강력하게 주장했지만 엘리자베스 1세는 쉽사리 결단을 내릴 수 없었다. 처형하게 되면 폐위되었다곤 하나 일국의 왕이었으며 잉글랜드 국왕의 하나뿐인 혈육이자 왕위 계승 서열권자를 처형하는 선례를 남기게 되고, 처형하지 않자니 몇 번이나 그랬듯 가톨릭 세력의 구심점으로써 끝없는 반란의 불씨로 남을 상황이었다.

의회에서, 그리고 시민들로부터 메리 스튜어트를 사형시켜야 한다는 청원이 빗발쳤다.

결국 엘리자베스 1세는 메리 스튜어트를 재판에 회부했다.

"스코틀랜드 국왕을 지냈고, 또한 이 나라 잉글랜드 국왕의 적법한 상속권을 가지고 있는 사람은 나라의 법에 구속되지 않으며 형사 재판의 대상이 될 수 없다. 내가 법정에 선다면 그것은 나뿐만 아니라 여러 국왕들, 잉글랜드의 엘리자베스 여왕, 그리고 내 아들에게 누를 끼치는 행위가 된다."

메리 스튜어트는 이렇게 말하며 아예 출석 자체를 거부했지만, 재판관은 궐석 재판을 하겠다고 응수했다.

결국 메리 스튜어트가 출석한 가운데 열린 재판에서는 바빙턴과 주고받은 편지가 증거물로 제시되었다. 메리 스튜어트는 끝까지 혐의를 부인하고, 모든 증거가 월싱검의 조작이라고 주장했다. 그러나 결국 유죄 판결을 받고 사형을 선고받았다.

사형 집행은 엘리자베스 1세의 허가가 떨어져야만 했다.

'아무리 내 자리를 찬탈하려 했다 해도, 나의 왕위를 계승할 최고 왕족이자 이웃나라의 국왕이며, 프랑스의 왕비다. 그런 고귀한 신분을 감히 신하들과 백성들이 모여서 재판을 하고 사형 판결을 내려? 그럼 신하들이 작당을 하면 군주를 사형시킬 수 있다는 몹쓸 선례가 남는데, 그걸 꼭 내가 남겨야 하나?'

엘리자베스 1세의 머리가 복잡하게 움직였다. 메리 스튜어트가 한때 프랑스의 왕비였다는 점이 몹시 마음에 걸렸다. 사형을 집행하면 프랑스가 잉글랜드를 침공할 빌미를 줄 수도 있다. 가톨릭 국가들의 대장 노릇을 하는 스페인 역시 가만있지는 않을 것이다.

여왕이 계속 미적거리자 의회가 성명을 냈다.

메리 스튜어트는 국적은 스코틀랜드, 자란 곳은 프랑스, 사고방식은 스페인이라 개신교 국가인 잉글랜드를 노리는 모든 음모의 구심점이다. 나라의 안전을 위해 비상한 조치가 필요하다.

의회의 압박을 이기지 못한 엘리자베스 1세는 사형 집행 명령서에 서명하고 말았다. 마침내 1587년 2월 8일 메리 스튜어트의 사형이 집행되었다. 메리 스튜어트의 처형 보고를 들은 엘리자베스 1세는 자신이 집행 명령을 내렸음에도 재판과 처형 과정에 관여한 신하들을 잡아들였다가 이내 풀어 주는 등 신경질적인 모습을 보였다. 최대의 경쟁자가 제거된 시원함과 왕권을 다투던 정적을 형사재판을 통해 처형함으로써 장차 왕권이 시민권 앞에서 약해질 수 있는 치명적인 빌미를 만들었다는 우려에서 비롯한 것으로 보인다.

엘리자베스 1세의 우려는 최소한 본인 치세에는 현실로 다가오지 않았다. 그리고 후사가 없던 터라 별 다른 도리 없이 반역죄로

처형한 메리 스튜어트의 아들 제임스에게 왕위를 물려주고 눈을
감았다.

엘리자베스 1세의 우려는 제임스 1세의 아들, 즉 메리 스튜어트
의 손자인 찰스 1세가 잉글랜드의 국왕일 때 현실이 되었다. 시민
혁명이 일어난 것이다. 혁명군의 요구를 거부하고 스코틀랜드와
프랑스의 힘을 빌려 혁명군을 진압하려 했던 찰스 1세는 끝내 싸
움에서 지고 포로가 되었다. 그리고 혁명군의 수장 올리버 크롬웰
Oliver Cromwell에 의해 '국가반역죄'로 기소당한다. 찰스 1세는 "내가
왕인데, 내가 나에게 반역을 저지른단 말이냐? 이게 무슨 말도 안
되는 소리냐?"라고 항변하지만 아무 소용이 없었다. 결국 찰스 1세
는 할머니 메리 스튜어트처럼 사형판결을 받고 형장의 이슬로 사
라졌다.

그래도 찰스 1세는 처형 직전에 일장 연설을 할 수 있었다. 찰스
1세가 "너희들이 지금 왕을 죽이고 있다는 걸 명심해라!"라고 외치
자 그 자리에 있던 많은 사람이 양심의 가책을 느끼고 고개를 제대
로 들지 못했다고 한다. 이후 영국이 크롬웰의 아들을 죽이고 공화
정 대신 왕정으로 되돌아 간 것도, 그렇게 다시 추대한 왕을 또 몰
아내야 할 상황이 되자 그 왕을 처형하거나 공화정으로 돌아가는
대신 조용히 외국으로 망명할 것을 종용한 뒤 새로운 국왕을 추대
한 '명예혁명'을 시도한 것도 찰스 1세를 죽였을 때 느꼈던 부담감

때문이었다.

　그러나 다시 한 세기가 지난 뒤 프랑스에서 일어난 시민혁명은 달랐다. 루이 16세를 국가반역죄라는 죄목으로 재판에 회부하고 단두대 앞에 무릎 꿇릴 때는 그런 부담감이나 가책 따위는 존재하지 않았다. 이미 왕도 여러 인민 중 한 사람이고 국가라는 공동체의 한 부분으로서 법의 제재를 받아야 한다는 생각이 정착되었기 때문이다. 지금은 그 누구도 국가를 소유할 수 없고, 법 위에 설 수 없다는 원칙이 완전히 정착되었다. 대부분의 민주국가는 공화정이 정착되었으며, 왕이 남아 있는 나라들 역시 법에 의해 왕의 권한과 책무가 정해져 있으며 다른 시민과 법 앞에서 구별되지 않는 입헌군주국가이다.

　"왕은 형사 재판의 대상이 될 수 있는가? 왕 역시 법의 제재를 받고, 법에 따라 처벌받을 수 있는가?"

　메리 스튜어트의 재판은 이 질문에 대해 "그렇다"라고 대답함으로써 다음 세기에 터져 나올 시민혁명, 그리고 그다음 세기에 자리 잡을 민주정치의 첫 단추가 되었다.

나는
고발합니다

드레퓌스 재판

흔히 프랑스를 똘레랑스tolerantia, 관용의 나라라고 한다. 자유와 평등의 나라이기 때문에 인종, 민족, 종교, 관습 등의 자유를 인정하고, 차이를 차이로 받아들일 줄 안다는 뜻이리라. 그래서 그 사회의 주류집단이 다른 소수집단의 권리를 인정하고, 자기들 방식을 강요하지 않는다는 뜻이리라. 하지만 프랑스 똘레랑스의 역사는 100여 년에 지나지 않는다. 나치가 등장하기 전만 해도 독일은 프랑스보다 유대인들에게 훨씬 관대한 나라였다. 애초에 나치에게 수백만 명이나 학살당할 만큼 독일에 유대인이 많이 모여 살았던 이유가 역설적이게도 프랑스, 스페인, 포루투갈에 살던 유대인들이 극심한 차별을 피해 독일로 이주했기 때문이다. 그리고 유대인에 대한 프랑스인의 차별과 반감을 상징하는 사건이 바로 '드레퓌스 재판'이다.

19세기 후반 프랑스는 매우 흉흉했다. 독일(프로이센)과 치렀던 두 차례의 전쟁에서 모두 처참하게 패배하고, 황제까지 포로가 되어 굴욕적인 강화조약(사실상 항복)을 맺어야 했다. 수도 파리도 함락되어 막대한 배상금을 물어준 뒤에야 독일군이 물러난 상황이었다.

그 결과 프랑스에서는 반독일 감정이 높아졌고, 여기에 당시 유럽을 휩쓸고 있던 반유대주의까지 겹쳤다. 독일이 유대인에게 가장 관대한 나라라 유럽에서 유명한 유대인들이 대개 독일어를 쓰고, 독일식 이름을 가지고 있었기 때문이다. 그래서 프랑스인들에게 유대인은 일종의 유사 독일인이었다.

『라 크루아La Croix』, 『라 리브르 빠롤La Libre Parole』 등의 신문에 연일 반유대주의 기사가 실렸다. 논조는 대체로 다음과 같은 주장의 반복이었다.

유대인은 프랑스의 적이다.

유대인은 매점매석으로 돈을 버는 수전노들이다.

유대인은 예수를 살해한 민족으로 저주받은 민족이다. 하지만 프랑스는 크리스트교의 나라다.

이런 상황 속에서 1894년 11월 19일, 『라 리브르 빠롤』이 「대역죄, 유대인 장교 체포」라는 제목으로 사건 하나를 보도한다. 프랑스를 극도의 갈등과 분열로 몰아넣은 드레퓌스 사건이다.

1894년 11월, 프랑스 육군 대위 알프레드 드레퓌스Alfred Dreyfus가 느닷없이 헌병들에게 체포되었다.

"죄목이 뭡니까?"

"조국을 배신한 독일 간첩이 말이 많다."

"무슨 말이오? 나는 프랑스에 충성하는 프랑스군의 장교요."

"네가 프랑스군에 들어온 까닭은 프랑스군의 정보를 독일군에게 빼돌리려고 한 거잖아? 그걸 모를 줄 알아? 더러운 유대인 같으니."

이렇게 드레퓌스는 체포되어 감금당하고 간첩죄로 기소되었다.

"인정할 수 없습니다. 변호사를 선임하겠습니다."

드레퓌스가 항의했다. 그러나 돌아온 대답은 싸늘했다.

"프랑스를 배신한 더러운 유대인은 변호사를 선임할 자격이 없다. 변호사를 선임할 권리는 프랑스 시민에게만 있는 것이다."

결국 드레퓌스는 변호사도 없이 일방적인 재판을 받아야 했다.

드레퓌스가 이렇게 급작스럽게 체포당한 까닭은 어느 청소부가 우연히 독일군에게 군사 기밀을 유출하는 프랑스군 장교의 편지를 주웠기 때문이다. 헌병대는 아무런 근거 없이 장교 중 프랑스인이 아닌 유대인을 지목하여 드레퓌스를 체포한 것이다.

"나는 이런 편지를 쓴 적 없습니다."

드레퓌스는 항의했다.

"거짓말하지 마라. 이 편지를 쓴 사람은 암호명으로 자신을 D라고 칭하고 있다. 프랑스 육군 장교 중, D라는 이름을 가지고 프랑스에 대한 충성이 의심스러운 자는 유대인인 너밖에 없다."

군당국은 편지에 적힌 암호명 D가 드레퓌스의 머리글자라고 주장하면서 그를 범인으로 몰아갔다.

"그렇다면 당장 필적을 대조해 보면 알 것 아닙니까? 저 편지의 필적과 저의 필적은 전혀 다릅니다."

"한 사람이 여러 개의 필적을 가지는 것이 불가능한 일이 아니다. 더구나 네놈처럼 간첩질을 하는 놈이라면 이럴 때를 대비해서 두 개 이상의 필체를 연습했겠지."

억지스런 이유였다. 한 사람이 글씨체를 아무리 바꾸어도 필적을 위조하기란 불가능에 가까움이 이미 증명되었기 때문이다. 하지만 이미 재판부는 이성을 상실했다. 드레퓌스의 정당한 항의는 전혀 받아들여지지 않았으며, 제출된 증거도 모두 드레퓌스가 범인이라는 쪽으로만 해석되었다.

마침내 판결이 내려졌다. 그나마 '관용'이 베풀어져 사형 선고만큼은 면했다. 드레퓌스에게 내려진 판결은 불명예 제대(군적 박탈)와

종신형이었다. 심지어 군중들이 지켜보는 가운데 군복과 계급장을 박탈당하는 수모를 겪어야 했다.

"나는 무죄요! 나는 프랑스를 배신하지 않았소! 나는 누명을 썼소!"

드레퓌스의 절규는 군중들의 거센 외침에 눌려 들리지 않았다.

"유대인에게 죽음을!"

"감옥도 아깝다!"

드레퓌스가 대서양을 건너 프랑스령 기아나에 있는 악마의 섬에서 감옥살이를 한 지 2년 정도가 지났을 때였다. 프랑스 정보부 장교 조르주 피카르Georges Picquart 중령이 우연히 문제의 편지를 쓴 인물이 페르디낭 에스테라지Ferdinand Walsin Esterhazy 소령이라는 것을 알아냈다. 그는 즉시 참모본부에 드레퓌스는 무죄이며 에스테라지가 진범이라는 보고서를 작성해 관련 증거와 함께 제출했다. 그러나 참모본부는 자신들의 실수를 감추기 위해 이 보고서를 묵살하고, 에스테라지에게 무죄를 선고하고 피카르 중령을 군사기밀 누설죄로 체포했다.

그러나 손바닥으로 해를 가릴 수 없는 법이다. 피카르 중령이 발견한 증거자료의 복사본이 기자들 손에 들어가 마침내 신문에 공개되었다. 진범인 에스테라지는 계속 신문에 나온 사실이 왜곡이라고 떠들고 다녔고, 참모본부는 에스테라지를 체포하지도 그의 거짓말을 제지하지도 않았다. 그렇게 억울한 죄수만 한 명 더 만들어 놓은 채 2년이 또 흘렀다.

1898년 1월 13일 『로로르L'Aurore, 여명』라는 신문에 세계적인 소설가 에밀 졸라Emile Zola의 너무도 유명한 「나는 고발합니다…!J'accuse…!」(흔히 '나는 고발한다'라는 제목으로 알려져 있지만, 대통령에게 보내는 공개서한인만큼 '고발합니다'라는 제목이 맥락에 맞다)라는 글이 실렸다. 이 글은 당시 프랑스 대통령 펠릭스 포르Félix Faure에게 보내는 공개서한 형식으로 되어 있다.

고발합니다…!

(중략)

대통령 각하, 따라서 나는 한 정직한 인간으로서 나의 온 힘을 다해 큰소리로 진실을 외쳐야겠습니다. 나는 각하가 이 죄악을 모르고 있음을 확신합니다. 그러나 그렇다 해도 이 나라 최고 통치자인 각하 외에 그 누가 이 진범의 악의적인 죄상을 파헤칠 수 있겠습니까?

첫째, 드레퓌스의 재판과 유죄 판결에 대한 진실입니다. 한 사악한 사람이 모든 것을 준비하고 계획하고 음모를 꾸몄으니 그가 바로 뒤파티 드크랑 중령입니다. 항상 허황된 계책 속에서, 연재소설에나 탐닉하며 빼돌린 문서, 익명의 편지, 야릇한 회합, 심야에 나타나 국가기밀이나 치명적 증거들을 팔겠다고 하는 수수께끼의 여인들에 열을 내는, 그 정체가 애매한 인물, 사면이 거울인 방에서 드레퓌스를 신문하려는 생각을 한 사람도 그입니다.

나는, 조사 장교로 지명된 뒤파티 드크랑 중령이 이 가공할 법의 오판 과정에서 최대의 죄인임을 단언합니다.

드레퓌스에게 첫 번째 혐의가 떨어지자 뒤파티 중령이 등장해서 죄상을 꾸미고 조작했습니다. 이제 사건은 그의 사건이 되고 그는 반역자의 기를 꺾고 하루라도 빨리 철저한 자백을 받아내기 위해 온갖 짓을 마다하지 않았습니다. 또한 보잘것없는 지성의 소유자인 국방부 장관 메르시에 장군, 허다한 경우 양심을 적당히 얼버무리는 참모총장 보좌관 공스 장군도 여기 관여했습니다. (중략)

마침내 드레퓌스는 군사법정에 섰습니다. 재판은 비밀리에 진행되었습니다. 적에게 국경을 열어 주고 독일 황제를 선뜻 노트르담 성당으로 인도한 반역자라 하더라도 이렇게 쉬쉬하며 재판을 하지는 않을 것입니다. (중략)

아! 이 얼마나 어처구니없는 기소입니까! 한 인간이 그러한 죄목으로 유죄 판결을 받을 수 있다면 이것은 불의의 극치입니다. 나는 양심 있는 사람들에게 그 판결을 읽고 이제 분노에 떨지 말 것을, 악마의 섬에 유형된 한 인간의 초인적인 고통을 보고 역겹다고 외치지 말 것을 촉구하는 바입니다. (중략)

상데르 대령이 사망하고 피카르 중령이 그의 후임으로 방첩 책임자가 되었습니다. (중략) 그는 비상한 충격을 받았습니다. 왜냐하면 에스테라지의 유죄는 곧 드레퓌스 판결의 수정을 요구했으며, 참모본부는 무슨 수를 쓰더라도 바로 이 점을 무효화시키려 했습니다. 신임 국방부 장관인 비오 장군이 아직은 이 사건과 관련되지 않았던 점에 주목하십시오. 그는 깨끗했습니다. 그는 진실을 바로잡을 수도 있었습니다. 그러나 그는 그럴 용기가 없었습니다. 말할 나위 없이 여론이 두려웠고 참모본부를 버리기가 겁났습니다. 양심과 군대의 이익 사이에서 갈등의 순간은 잠시뿐이었습니다. 갈등의 순간이 지났을 때는 이미 일은 너무나 늦어버렸습니다.

이 점을 혜량하시기 바랍니다. 비오 장군, 부아데프르 장군 그리고 공스 장군이 드레퓌스가 무죄라는 사실을 인식하고서도 이 무서운 사실을 그들 가슴속에 비밀로 숨긴 채 1년이 지났습니다. 그러고도 그들은 잠을 잘 잡니다. 또 아내와 자식을 사랑합니다. (중략)

그들은 부당한 판결을 내렸으며, 이 판결은 영구히 우리나라의 군사법정을 압박할 것입니다. 그것은 이제부터 내려지는 군사재판의 모든 결정에 그것이 깨끗하지 않으리란 의혹을 던지게 할 것입니다. 첫 번째 군사재판은 그저 어리석었을 따름이라고 칩시다. 그러나 두 번째는 틀림없이 죄악을 범한 것입니다. (중략) 어떠한 위협에서도 프랑스 국토를 방어하고 국민을 보호하기 위하여 일어설 군대를 우리는 사랑하고 존경합니다. 그러나 군대가 내일이라도 우리를 짓누르게 될 정복자로 군림한다면 문제는 심각합니다. 그런데도 군대의 그 칼자루에 경건하게 입 맞추라니. 단연코 그것은 안 됩니다! (중략)

나는 궁극적 승리에 대해 조금도 절망하지 않습니다. 더욱 강력한 신념으로 거듭 말하겠습니다. 진실이 행군하고 있고 아무도 그 길을 막을 수 없음을! 진실은 지하에 묻혀서도 자라납니다. 그리고 무서운 폭발력을 축적합니다. 이것이 폭발하는 날에는 세상 모든 것을 휩쓸어 버릴 것입니다. 곧 알게 될 것입니다. 우리가 가까운 장래에 가장 먼 곳까지 재앙을 미치게 할 지뢰를 매설했는지 아닌지.

나는 뒤파티 중령을 고발합니다. 그가 무의식적으로(나는 이 점을 믿고자 합니다) 법적 과오의 악마 같은 중개인이었음을, 또한 지난 3년간 가장 부조리하고 역겨운 음모와 자신의 사악한 행위를 계속해서 은폐했음을 고발합니다.

나는 메르시에 장군을 고발합니다. 필경 심약한 탓으로, 사상 최대의 죄악에 그가 공모자로 끼어들었음을 고발합니다.

나는 비오 장군을 고발합니다. 그가 드레퓌스가 결백하다는 결정적 증거를 손에 쥐고서도 정치적 동기 및 참모본부의 체면을 구하고자 그 모든 것들을 은폐했으며 파렴치죄와 정의 모독죄를 자진해서 저질렀음을 고발합니다.

나는 펠리외 장군과 라보리 소령을 고발합니다. 그들이 악한 같은 심문을 자행했음을. 즉 극악무도하게 불공정한 심문, 어리석도록 뻔뻔스러운 저 불만의 기념비를 우리에게 제공한 그들의 보고서를 고발합니다.

나는 벨롬, 바리나르 및 쿠아르 3인의 필적 전문가를 고발합니다. 의학적 검진에 의해 그들의 시력과 판단력에 결함이 있는 것으로 판명되지 않는 한, 그들은 거짓이며 가짜인 보고서를 작성했다는 책임을 면할 수 없을 것입니다.

나는 국방부를 고발합니다. 여론을 오도하고 죄악을 은폐할 목적에서 특히 『에코 드 파리』와 『레 크레르』를 위시한 신문들이 저열한 캠페인을 주도했음을 고발합니다.

나는 첫 번째 군사법정을 고발합니다. 피고인에게 그 증거를 비밀로 가린 채 유죄 판결을 내려 인권을 침해했음을 고발합니다. 나는 또 두 번째 군사법정을 고발합니다. 피고인에게 죄가 있음을 충분히 인식하면서도 그를 무죄 석방하는 법적 죄악을 저지른 것을, 그리고 이 불법성을 명령에 의해 은폐한 것을 고발합니다.

내가 취한 행동은 진실과 정의의 폭발을 서두르기 위한 혁명적 조치입니다.

그처럼 많은 것을 지탱해 왔고 행복에의 권리를 소유하고 있는 인류의 이름에 대한 지극한 정열만이 내가 가지고 있는 전부입니다. 나의 불타는 항의는 내 영혼의 외침일 뿐입니다. 이 외침으로 인해 내가 법정으로 끌려간다 해도 나는 그것을 감수하겠습니다. 다만 청천 백일하에서 나를 심문하도록 하십시오! 기다리고 있겠습니다.

『나는 고발한다』, 에밀 졸라, 유기환 옮김, 책세상, 2005

시대에 길이 남을 명문이다. 소름이 돋고 눈물이 날 정도의 강력한 글이 나왔음에도 프랑스 정부는 오히려 에밀 졸라를 체포하는 만행을 저질렀다. 그리고 군사법원을 중상모략했다는 이유로 징역 1년을 선고했다.

에밀 졸라의 공개서한은 프랑스 지식인들의 자존심을 건드렸다. 이후 여러 지식인과 신문사 르 피가로Le Figaro 등이 에스테라지가 범인이며 드레퓌스는 무죄라고 주장했지만, 대부분의 언론들은 '유대인 죽어라' 수준의 선동으로 일관했다. 하지만 에밀 졸라의 뒤를 따르는 지식인들이 점점 늘어났다. 아나톨 프랑스Anatole France, 앙리 푸앵카레Henri Poincare, 장 조레스Jean Jauras 등이 가세했고, 항소 중에 영국으로 망명한 에밀 졸라를 통해 세계 유수의 언론들도 나섰다. 결국 프랑스 정부는 마지못해 드레퓌스에게 재심을 허용했다. 하지만 군사법원은 끝내 무죄를 선고하지 않았다. 다만 형량만 무기징역에서 10년형으로 감형한 뒤, 대통령 사면 형식으로 석방했을 뿐이다. 즉, 비난을 피하기 위해 감옥에서는 풀어 주었으나 끝내 자신들의 잘못은 인정하지 않았다.

드레퓌스가 완전한 무죄를 선고받고 복권되어 군 계급까지 회복하는 데는 8년이란 시간이 더 흘러야 했다. 1906년, 억울한 유죄 선고를 받고 계급을 박탈당한 지 13년이 지나서야 드레퓌스는 모든 불명예를 씻고 육군에 복직할 수 있었다. 이후 진급도 하고 레지옹 도뇌르 훈장까지 받았지만, 10년이 넘는 인생을 억울하게 삭제한 부당한 공권력에 대한 공식 사과는 끝내 받지 못했다. 우파는 드레퓌스가 사망한 1935년 이후에도 계속 드레퓌스의 유죄를 외쳤다. 심지어 아직도 그렇게 믿는 사람이 있을 정도다.

오늘날 프랑스인들은 드레퓌스 사건을 그냥 '사건l'Affaire'이라고 부른다. 이 사건을 계기로 프랑스 사회가 결정적으로 바뀌었다고 생각하기 때문이다. 국수적이고 배타적이며 혐오에 쉽게 휩쓸렸던 나라에서 관용똘레랑스의 나라로 탈바꿈하게 된 계기가 된 것이다. 만약 이 사건에서 용감하게 나선 에밀 졸라 등의 지식인들이 없었다면 독일이 아니라 프랑스가 나치의 나라가 되었을지도 모를 일이다.

5장

미국의
재판

미국의 수많은 재판 가운데 많은 관심과 논란을 일으켰던 재판은 한결같이 소수자의 문제를 품고 있다. 그중 격렬한 논란이 된 재판들은 대부분 인종과 관련된 재판이었다. 거대한 다문화 사회인 미국의 사회 통합에는 끊임없이 소수자의 권리 문제가 제기되며 이것이 해결되어야 한다는 반증이나 다름없다.

미국은 건국 당시부터 자유와 인권을 국가의 목적으로 내세운 나라다. 미국이 국제사회에서 절대강자로 군림하는 까닭도 단지 국력이 강해서가 아니라 세계민주주의의 표본이자 기준으로 받아들여지기 때문이다. 하지만 미국도 완벽한 나라는 아니다. 미국 역시 인종, 성별, 사상적 편견에서 자유롭지 않았으며, 그런 편견 때문에 어이없는 판결이 내려지기도 했다.

그러나 미국의 강점은 그런 어이없는 판결을 통해 문제가 된 점들을 개선했다는 데 있다. 그런 점에서 재판은 미국이라는 나라가 성장하기 위한 실험실 역할을 했다. 어떤 중요한 재판을 중심으로 논쟁이 벌어지고, 이 논쟁이 사회 전체에 확산되면서 새로운 가치관이 등장하고 편견이 깨지며, 그만큼 자유가 확산되는 것이다. 여기에 소개하는 재판들 역시 당사자들에게는 크나큰 비극이었지만, 결과적으로 미국 사회에 큰 논란을 불러일으키면서 더 나은 사회로 발전하는 데 기여한 중요한 사건들이다.

미국 최악의
사법 살인

사코와 반제티 재판

미국을 대표하는 여성 싱어송라이터인 존 바에즈_{Joan Baez}가 이렇게 노래했다.

당신들을 위해, 니콜라, 그리고 바트
Here's to you, Nicola and Bart.
우리의 마음속에서 영원히 쉬기를
Rest forever here in our hearts.
마지막 순간은 당신들의 것이니
The last and final moment is yours.

◆◆ (위)사코와 반제티의 무죄를 주장하며 잉글랜드에서 벌어진 시위. (아래)수갑을 찬 바르톨로메오 반제티(왼쪽)와 니콜라 사코(오른쪽)

그 고통은 당신들의 승리입니다

That agony is your triumph.

미국 재판 역사상 가장 참담한 사건으로 남은 '사코와 반제티' 사건의 희생자들을 기리는 노래다. 이 사건은 미국 학생들이 역사를 배울 때 반드시 다루는 사건들 중 하나다.

사코와 반제티 사건은 1920년으로 거슬러 올라간다. 당시 미국 매사추세츠주 사우스브레인트리 구두공장에 두 명의 남자가 침입했다. 이들은 경리 직원과 경비원을 살해하고 16,000달러를 강탈해 달아났다. 16,000달러는 요즘으로 치면 10억 원 정도 되는 큰돈이다.

문제는 경찰이 용의자로 엉뚱한 사람을 체포하면서부터 시작되었다. 마침 사건 현장 근처를 지나가던 구두수선공 니콜라 사코Nicola Sacco와 생선장수인 바르톨로메오 반제티Bartolomeo Vanzetti였다. 검사 프레더릭 G. 캐츠먼Frederick G. Katzmann은 이들을 범인으로 기소했다. 기소 이유로 이들에게서 범행에 사용된 총기가 발견되었고, 여권을 소지했다는 점을 들었다.

검사는 사코와 반제티가 여권을 소지했다는 이유만으로 범행후 해외로 도주할 계획을 세웠음에 틀림없다고 생각했다. 그러나 진짜 이유는 따로 있었다. 사코와 반제티는 이탈리아 출신의 가난한 이민자들인데다가 무정부주의자였던 것이다. 이들은 제1차 세계대전이 발발했을 때 참전을 거부했던 전력도 있었다.

"나는 친구들을 만나러 가고 있었을 뿐입니다. 거기서 무슨 일이 일어났는지 전혀 모릅니다. 사건 현장을 우연히 지나가고 있었다는 이유만으로 범인이 될 수 있습니까?"

사코와 반제티는 재판 과정에서 이렇게 항변했다.

"사건 현장에서 피고 사코의 모자가 발견되었습니다. 이래도 발뺌하겠습니까? 그리고 범행에 사용된 총기를 피고가 소지하고 있었던 것 역시 사실 아닙니까?"

검사가 말했다.

"그건 제 모자가 아닙니다. 당장 확인할 수 있습니다."

판사가 사코에게 직접 그 모자를 써보라고 했다. 그런데 어이없게도 모자는 너무 작아서 사코의 머리에 들어가지 않았다.

"하지만 이 총은 피고의 총이 분명하지 않습니까?"

"맞습니다. 하지만 그 총이 범행에 사용되었다는 증거가 있습니까? 제가 총을 가지고 있었다는 이유만으로 모든 살인 사건에 책임을 져야 합니까?"

아니나 다를까 이들이 소지하고 있던 총기가 범행에 사용된 총기라는 보고서도 뭔가 모호했다.

그러나 웹스터 세이어Webster Thayer 판사는 완강했다. 판사가 아니라 마치 검사처럼 행동했다. 심지어 느닷없이 평결하러 가는 배심원들에게 이렇게 일장 연설을 했다.

"우리 조국을 지키고자 싸웠던 용사들을 생각하며 애국심에 호소합니다. 미합중국은 공산주의와 과격한 무정부주의로부터 반드시 지켜져야 합니다. 이들은 무정부주의 조직인 '그루포 아우토노모Gruppo Autonomo' 소속이고, 『크로나카 소베르시바Cronaca Sovversiva』라는 무정부 신문의 애독자이며 심지어 투고도 하는 열성분자입니다. 우리는 전쟁이 끝난 뒤 어렵고 어지러운 시기를 틈타 무정부주의자들이 저지른 악독한 테러 행위를 아직도 잊지 못합니다."

실제 사건과는 아무 상관없으며, 피고인들을 향한 혐오 감정을 부추기는 발언이었다. 증거와 상관없이 피고인들은 조국의 병역을 기피했고, 무정부주의자니 "그것만으로도 죽어 마땅하니, 이 사건을 핑계로 삼자"라고 말하는 것 같았다. 판사가 해서는 안 되는 말이었다.

이렇게 사코와 반제티에게 일방적으로 불리한 재판이 진행되고 있던 중 변호인 프레드 H. 무어Fred H. Moore가 결정적인 증인을 확보했다. 1925년 11월, 셀레스티노 마데이로스Celestino Madeiros라는 죄수가 이 사건의 진짜 범인이 누군지 알고 있다고 밝힌 것이다. 마데이로스는 이렇게 증언했다.

"그놈들은 조 모렐리 갱단입니다. 아주 흉측한 놈들이죠. 본부는 로드아일랜드에 있습니다. 두목 조 모렐리와 어떤 똘마니가 공장에서 돈을 털고 경비를 죽였다고 떠들었습니다."

그럼에도 재판은 사코와 반제티에게 점점 불리하게 돌아갔다. 판사 웹스터 세이어는 애국주의를 들먹이며 배심원들의 정서를 건드렸는데, 사코와 반제티는 무정부주의적 성향이 강했기 때문에 애국심이 고취된 배심원들의 눈에 결코 곱게 보일 수 없으리라는 점을 이용한 것이다.

종합해 보면 사코와 반제티의 변호인은 물증으로 제시된 모자와 총기가 증거능력이 모호하고, 진범이 따로 있다는 증언을 확보했다. 이 정도면 상식적으로 당연히 무죄방면되어야 했다. 그럼에도 막상 평결 결과를 열어보자 압도적으로 유죄가 나왔다. 단지 사건 현장 근처를 지나갔고, 총기를 소지하고 있었다는 정황상의 증거만으로 유죄 평결을 받은 것이다. 처음부터 적대적인 태도를 보였던 판사는 기다렸다는 듯이 사형을 선고했다. 사코와 반제티의 죄라면 판사와 배심원들의 마음에 들지 않았고, 애국심이 부족해 보인 급진주의자였다는 것뿐이었다.

이 판결은 미국과 유럽의 지식인 사회에 격렬한 분노를 불러일으켰다. 사코와 반제티는 단숨에 미국 전역을 넘어 세계적인 유명인사가 되었다. 결국 당시 매사추세츠 주지사 앨번 터프츠 풀러Alvan Tufts Fuller는 여론에 떠밀려 하버드대 총장, 매사추세츠 공과대학 학장, 전직 판사 등으로 구성된 독립조사위원회를 발족시켰다. 조사 결과를 근거로 사면 여부를 결정하기 위해서다. 그러나 이는 형식적인 조치일 뿐이었다. 결국 이 형식적인 조사위원회는 사면권 행사를 거부할 명분만 준 꼴이 되었다. 풀러 주지사는 사면권 행사를 거부했고, 독립조사위원회는 주지사의 결정을 지지했다.

1927년 4월 9일, 마침내 대법원은 사코와 반제티에게 최종적으로 사형을 선고했다. 한편 이들의 사형 집행이 확정되고 날짜가 가까워지자 이들의 사형에 반대하는 항의의 목소리가 전 세계적으로 일어났다.

파리에서는 시위 군중들이 미국대사관에 몰려들어 험악한 분위기가 조성되었다. 시위대 해산에 전차가 동원되어야 할 정도였다. 영국에서도 런던 하이드 파크에서 시위가 일어났다. 스위스 제노바에서는 미국인 상점, 미국 상품을 판매하는 상점들이 공격받았다. 심지어 머나먼 남아프리카의 요하네스버그에서 시위 군중이 성조기를 불태우는 상황까지 발생했다. 그 밖에도 시드니, 도쿄, 부쿠레슈티, 로마, 부에노스아이레스, 아테네, 프라하 등에서 사코와 반제티의 사형 집행에 반대하는 시위대가 성난 모습으로 거리를 휩쓸었다.

전 세계의 유명 인사도 가세했다. 앨버트 아인슈타인Albert Einstein 과 마리 퀴리Marie Curie가 사형 판결에 항의하는 행렬에 참가했다. 특히 아인슈타인은 당시 미국 대통령인 쿨리지에게 사형 판결에 대한 항의와 형 집행 정지를 요구하는 편지를 보냈다. 프랑스의 유명한 작가인 아나톨 프랑스Anatole France는 「유럽 노인의 호소」를 발표했고, 미국의 소설가 존 더스 패서스John Dos Passos는 이 판결이 미국을 두 개로 갈라놓았다며 격렬한 분노를 드러냈다.

당시 일제 강점기였던 우리나라도 예외는 아니었다. 당시 좌파 계열 시인으로 활약하던 임화는 「담≠ – 1927」이라는 시를 써서 사코와 반제티의 사형에 대한 분노를 직설적으로 터뜨렸다.

사코와 반제티 역시 가만있지 않았다. 사코는 감옥 안에서 단식 투쟁을 벌였고, 반제티는 『어느 프롤레타리아의 삶』이라는 책을 쓰며 자신들의 무죄를 항변했다. 그러나 미국의 통치자들은 냉담했다. 그들은 어떤 희생을 치르더라도 사코와 반제티를 반드시 사형에 처해야 한다는 의무감에 빠져 있는 것 같았다. 마침내 1927년 8월 23일, 사코와 반제티는 당시 '자비로운 사형 도구'로 각광받았던 전기의자 위에서 형장의 이슬로 사라졌다. 우리나라의 조봉암 법살 사건보다 40년 앞서 아메리카 사법 살인이 자행된 것이다.

사코와 반제티의 사형 집행 소식에 미국뿐 아니라 온 세계가 격렬하게 분노하는 가운데 정작 사코와 반제티 당사자들은 매우 의연하게 형장에 들어섰다.

당시 36세였던 사코가 아들에게 남긴 마지막 편지다.

단테야, 울지 마라. 네 어머니는 7년간 많은 눈물을 흘리며 고생했지만 아무것도 달라지지 않았다. 그러니 아들아 울지 말고 씩씩하게 어머니를 위로해 주고 소중한 이들을 사랑하며 곁에서 보살펴 드려라. 네 어머니와 함께 조용한 시골길을 산책하고, 들꽃도 꺾고, 나무 그늘에서 쉬기도 해라. 항상 기억해라. 젊음을 행복한 유희 속에서 보내기보다는 박해받고 희생당하는 이들을 도우면서 보내라. 나는 너의 용감한 마음과 선량함이 그들에게 기쁨을 주리라 믿는다. 너는 인생에서 더 많은 사랑을 찾을 것이며, 또 사랑받게 될 것이다.

당시 39세였던 반제티가 남긴 마지막 말이다.

이런 일이 없었다면 나는 길거리에서 무시당하면서 살다 삶을 마쳤을 것이다. 내세울 것 없고 이름 없는 실패자로 죽었을 것이다. 평생 동안 우리는 우리가 지금 죽어 가면서 하고 있는 일을 하리라고 기대하지 못했다. 하지만 지금 우리는 관용을 위해, 정의를 위해, 사람이 사람을 이해하는 날을 위해 싸우고 있다. 마지막 순간은 우리 것이다. 그 고통은 우리의 승리다.

당시 미국의 통치자들은 왜 이렇게 국제적인 분노를 무릅쓰고 사코와 반제티를 사법 살인의 제물로 삼았을까?

1920년대는 제1차 세계대전이 끝난 직후였다. 전후 미국의 산업과 경제는 전례 없이 높은 성장을 기록하고 있었다. 바꿔 말하면 높은 인플레이션으로 물가가 폭등하고 있었다는 뜻이다. 따라서 국내총생산은 크게 늘어났지만, 그 과실은 일부 계층에게만 돌아가고 노동자와 농민은 치솟는 물가 때문에 오히려 더 가난해졌다. 여기에 스페인 독감까지 유행해서 많은 사람이 목숨을 잃는 등 민심이 흉흉해진 상황이었다.

이렇게 빈부 격차가 커지고 노동자와 농민의 삶이 어려워지면 공산주의나 무정부주의 같은 정치적 급진주의자들이 활동하기 좋은 토양이 된다. 1920년대 미국도 예외가 아니라 공산주의자들이 조장하는 파업, 무정부주의자들이 주도하는 테러가 빈번하게 일어났다.

1920년 9월 16일에 터진 뉴욕 월스트리트 테러는 최악의 사건이었다. 무정부주의자들은 자본주의의 심장, 부자들의 수도라고 생각한 뉴욕 월스트리트에서 폭탄을 터뜨렸고, 그 결과 사망 38명, 중상 143명을 포함한 수백 명의 사상자가 발생했다. 9·11 테러 이전에 미국 본토, 그것도 뉴욕 한복판에 가해진 공격으로는 가장 많은 희생자를 낸 사건이었다. 부자들뿐만 아니라 미국 전역이 충격에 잠겼고, 민심이 동요하기 시작했다.

미국 정부는 어떻게든 범인을 잡아서 이 사태를 진정시키고 싶었다. 만약 범인이 없다면 만들어서라도 사건을 풀어야 할 지경이었다. 수사관들은 이전에 이미 몇 차례 폭탄 테러를 저질렀던 이탈리아계 무정부주의자 그룹인 갈레니아니스트를 의심했지만 증거는 없었다.

정부의 체면이 땅에 떨어지고, 민심은 더욱 흉흉해졌다. 점점 살기 어려워진 노동자들은 러시아 볼셰비키 혁명 소식을 듣고 뭉치기 시작했다. 이런 상황에서 미국 정부는 민심을 수습하고, 무정부주의자들과 좌익들에게 경고가 될 만한 희생양이 필요했다. 그리고 불행하게도 모든 조건이 딱 맞아떨어지는 사코와 반제티가 걸려든 것이다. 1960~1970년대에 정치적 반대파를 잠재우기 위해 간첩 사건을 조작했던 우리나라와 다를 바 없는 사법 살인인 셈이다.

우리나라 사법 살인 희생자들의 명예가 회복되는 데 수십 년이 걸렸듯이, 사코와 반제티의 명예도 수십 년이 지나 회복되었다. 이미 사망했다는 이유로 재심을 통한 무죄 판결까지 이루어지지는 않았지만, 이들의 처형 50주기가 되는 1977년 8월 23일 매사추세츠 주지사 마이클 듀카키스Michael Dukakis는 이렇게 선언했다.

"그들의 이름에 붙어 있는 그 어떤 낙인과 불명예도 영원히 사라질 것이다."

공식적인 복권이 이루어지기 이전에 이미 사코와 반제티는 미국이 진정한 자유와 평등의 나라라고 믿는, 그리고 그렇게 되어야 한다고 믿는 사람들에게는 하나의 상징이 되었다. 특히 반전/反戰 운동과 인종 차별 반대 운동이 활발하게 일어났던 1960년대에 사코와 반제티는 기득권층의 차별과 편견에 저항하는 상징이었다. 존 바에즈의 노래가 나온 것도 바로 이 무렵의 일이다.

1947년 8월, 사코와 반제티의 20주기 추모식에서 아인슈타인은 이렇게 말했다.

"우리는 사코와 반제티의 비극적인 사건을 인류의 양심 속에 생생하게 간직하도록 모든 일을 다 해야 합니다. 그들은 최고로 완벽한 민주적 제도라 할지라도, 그것을 활용하는 사람들의 수준을 결코 넘어설 수 없다는 사실을 우리에게 상기시켜 주기 때문입니다."

매사추세츠주는 8월 23일을 '사코와 반제티 기념일'로 지정해 이들의 억울한 희생을 기리고, 다시는 이민자에 대한 편견으로 인한 사법 살인이 일어나지 않도록 경계로 삼고 있다. 매사추세츠주의 〈사코와 반제티 기념일 선언문〉의 일부를 소개한다.

오늘날 매사추세츠 시민들은 정부기관의 힘과 활력, 특히 우수한 사법시스템을 자랑스럽게 생각합니다. 그들은 모든 인간의 제도가 불완전하며, 언제든 불의의 가능성이 있으며, 잘못을 인정하고 이를 더 나은 해결책으로 연결시키는 것이 자유로운 사회에서 힘의 지표임을 인정합니다. (중략)

사코와 반제티의 재판과 집행은 모든 문명인들에게 우리의 편견에 대한 감수성, 정통성에 대한 불관용, 그리고 이방인으로 간주되는 사람들에 대한 인권 침해를 경계해야 함을 일깨워 줍니다.

(중략)

이제 매사추세츠 주지사 마이클 듀카키스는 주 헌법에 의해 주지사에게 부여된 권한과 다른 모든 권한에 의해 1977년 8월 23일 화요일을 '니콜라 사코와 바르톨로메오 반제티 기념일'로 제정하며, 나아가 그들의 이름에서 가족과 자손의 이름에 이르기까지 모든 누명과 불명예는 영원히 없어져야 한다고 선언합니다. 매사추세츠의 모든 시민이 잠시 일상생활을 멈추고 역사적인 교훈을 통해 불관용, 공포, 증오의 힘을 막고 우리의 법률체제가 지향하는 합리성, 지혜, 공평성을 위해 다시 연대하기 위해 이 비극적인 사건을 반성할 것을 제안합니다.

우리나라도 조봉암부터 인혁당 사건에 이르기까지 권력자의 탐욕과 이념 갈등, 그리고 편견으로 억울하게 목숨을 잃은 사법 살인 피해자들을 재심만 할 것이 아니라 상징적인 기념일을 만들 필요가 있다. 그래서 이런 일이 다시는 일어나지 않도록 편견, 불관용 그리고 여기서 비롯된 인권 침해를 경계하는 마음을 되새기는 날로 삼아야 한다.

로스앤젤레스를 불태운 사건들

로드니 킹 사건과 두순자 사건

1992년 4월 29일, 뉴욕과 함께 미국의 양대 도시를 이루는 로스앤젤레스에서 대규모 폭동이 일어났다. 처음에는 흑인들의 가두시위로 시작되었으나, 차츰 라틴계까지 가세하며 군중의 규모가 커지고 폭동으로 변질했다. 처음에는 경찰서나 관공서를 공격하고 평소에 흑인들을 차별하던 상점을 파괴하고 방화하는 등 목적이 분명했지만, 시간이 지나자 무법 상태를 이용하는 범죄로 바뀌었다.

거리 곳곳에서 절도, 방화, 약탈, 강간, 살인이 벌어졌다. 마침내 시가전을 방불케 하는 총격전까지 일어났다. 아수라장이 된 로스앤젤레스에서는 마치 군벌들 간의 내전이 벌어진 아프리카의 어느 도시를 방불케 하는 장면들이 펼쳐졌다.

천사의 도시가 순식간에 무법천지가 되고 말았다. 마침내 경찰 뿐 아니라 주 방위군까지 출동했다. 그런데 이 폭동이 사흘째로 접어들면서 이상한 일이 일어났다. 폭도들이 한국인 상점만 집중적으로 공격하고, 코리아타운을 주 약탈 대상으로 삼아 몰려든 것이다. 경찰과 주 방위군이 폭동 지역으로부터 동서 방향의 길을 차단하고 남북 방향은 허술하게 두었기 때문이다. 물론 당시 경찰과 주방위 군도 핑계는 있었다. 이 사건을 '흑백 갈등'으로 보았기 때문에 백인들이 많이 사는 구역을 중심으로 방어선을 쳤던 것이다.

하지만 이미 이 사건은 인종 차별에 항의하는 집단 저항 같은 것이 아니었다. 무정부 상태, 치안 부재 상태를 이용한 난동과 집단 범죄 상태였다. 게다가 한인들은 평소에 흑인들과 그다지 사이가 좋지도 않았다.

일부 한인들은 직접 총기를 들고 대응했지만, 그렇지 못한 한인들은 집단 구타를 당하거나, 가게가 완전히 약탈당하고 파괴당하는 등 많은 피해를 입었다. 마침내 한국 교민들은 자경단을 꾸려 대응했다.

그럼에도 한인 사회의 피해는 엄청났다. 부상자는 물론 사망자가 다수 있었고. 2천 개 이상의 상점이 파괴되었으며 3억 5천만 달러 이상의 재산 피해가 발생했다. 이 폭동으로 인한 재산 피해가 총

7억 달러이니 한인들이 피해의 절반을 입은 꼴이다.

6일간의 아수라장 끝에 폭동은 진압, 아니 잠잠해졌다. 하지만 이는 마틴 루터 킹Martin Luther King 목사가 세상을 떠난 지 30년이 지났음에도 깊게 파여 있는 인종 간의 골을 가감 없이 보여 준 사건으로 미국 사회에 큰 경각심을 심어 주었다.

이렇게 미국 사회에 깊은 상처를 남긴 로스앤젤레스 폭동의 배경에는 이른바 '로드니 킹 사건'과 '두순자 사건'의 재판이 있었다.

먼저 로드니 킹 사건을 살펴보자.

1991년 3월, 로스앤젤레스에서 4명의 백인 교통 경찰관이 시속 185킬로미터로 질주하는 흑인 운전수 로드니 킹Rodney King을 체포했다. 그런데 경찰관들은 체포 과정에서 로드니 킹이 평생 청각장애를 안고 살아야 할 정도로 심한 폭행을 가했다.

공개된 폭행 장면 동영상은 두 눈을 의심하게 할 만큼 충격적이었다. 4명의 경찰관이 무력한 한 사람을 무차별적으로 집단 폭행하고 있었던 것이다. 그런데 언론에서 공개한 동영상은 81초 전체가 아니라 16초를 잘라 낸 편집본이었다. 삭제된 장면은 로드니 킹이 경찰관을 밀치고 때린 장면들이었다. 방송국은 이 장면들을 삭제한 채 로드니 킹이 집단 구타당하는 뒷부분만 반복해 방영했다. 여론 조작이나 다름없었다.

로드니 킹을 구타한 경찰관 4명은 법원에 기소되었고, 진상조사위는 면밀한 조사 끝에 "과잉 폭력이 행사되었다"라는 내용의 보고서를 제출했다. 이렇게 이 사태는 마무리되는 것 같았다.

하지만 법정에 선 경찰관들은 시종일관 로드니 킹에게 책임을 전가했다.

"로드니 킹은 경찰의 지시에 순순히 응하지 않았다. 과속 사실을 알리고 하차할 것을 요구했지만, 차에서 나오지 않았고 난폭하게 대들었다. 아무래도 마약에 취한 상태 같았다. 그를 제압하려면 다소간의 폭력이 불가피했다. 정상적인 방법으로는 체포할 수 없었다."

설사 로드니 킹이 난폭하게 반응했다 하더라도 난폭한 반응을 제지하는 과정이 아니라 이미 제압되어 있는 상태에서 수십 초간 집단 폭행을 가한 것까지 정당화할 수는 없었다. 아무리 봐도 백인으로만 이루어진 경찰관들이 흑인을 향한 혐오감을 폭발시킨 것으로밖에 보이지 않았다. 더구나 이들의 진술을 확인하기 위해 실시한 두 차례의 마약 검사에서 로드니 킹은 모두 '음성' 판정을 받았다. 하지만 삭제된 16초 부분에서 그가 경찰관들에게 난폭하게 저항한 것은 사실이었기 때문에 왜 그랬는지 묻자 로드니 킹은 이렇게 답했다.

"그때 저는 가석방 상태였습니다."

"그렇다면 이미 전과가 있다는 뜻입니까?"

"강도, 폭력, 절도로 복역 중에 가석방을 받고 나와 있었습니다.

그런데 어떠한 법규 위반이라도 적발되면 가석방이 취소되고 교도소로 돌아가야 합니다. 그래서 결사적으로 빠져나가려고 했습니다."

재판은 계속되었다. 해를 넘긴 1992년 4월 29일에 판결이 나왔다. 경찰관 중 3명은 무죄, 그리고 다른 1명은 재심사. 한마디로 그 누구도 처벌받지 않았다.

흑인들은 이러한 재판 결과를 보고 끓어올랐다. 그렇지 않아도 로스앤젤레스 경찰국과 흑인들의 감정은 좋지 않았다. 당시 로스앤젤레스 경찰국장 데릴 게이츠는 '마약과의 전쟁'을 선포하고 조금이라도 의심스러우면 가차 없이 체포하는 강압적인 단속과 수사로 악명이 높았다. 심지어 장갑차를 동원하여 집의 벽을 부수고 특공대를 투입하는 등 마약조직 소탕을 위해 인권 따위는 무시하는 행태로 많은 비난을 사고 있었다. 그리고 그러한 강압적인 수사의 대상은 대개 흑인들이었다.

게다가 배심원 구성도 문제가 되었다. 12명의 배심원 중 흑인은 1명도 없었다. 백인 10명과 히스패닉 1명, 아시아인 1명으로 구성되어 있었다. 법정의 유일한 흑인은 다름 아닌 4명의 경찰관을 기소한 검사(공교롭게 이름은 화이트)뿐이었다.

결국 이 사건은 흑인들에게 평소에도 흑인들을 가혹하게 대했던 로스앤젤레스 경찰국의 백인 경찰관들이 흑인을 무차별 폭행하고서도 백인이 대부분인 배심원단에 의해 아무 처벌을 받지 않은 사건으로 보일 수밖에 없었다. 재판 결과에 항의하는 성난 흑인들이 거리로 뛰쳐나왔고, 6일 동안 로스앤젤레스를 준전시상황으로 몰아넣은 폭동으로 번졌다.

그런데 조작된 비디오로 로드니 킹 사건을 인종 간의 갈등으로 터뜨린 미국 방송국들이 폭동이 발발하자 엉뚱하게도 이 사건을 백인이 아니라 한국인과 흑인의 갈등으로 몰고 갔다. ABC 방송에서 이른바 '두순자 사건'을 집중 보도하면서 흑인들의 분노를 한국인에게로 돌리려 한 것이다.

두순자 사건은 1991년 3월 16일 슈퍼마켓을 운영하던 49세의 한국 출신 이민자 두순자가 당시 15세였던 흑인 소녀 라타샤 할린스Latasha Harlins를 권총으로 사살한 사건이다.

두순자는 1976년에 남편을 따라 미국으로 건너왔다. 남편은 미국에서 여러 개의 슈퍼마켓을 운영하고 있었고, 두순자 역시 남편을 도와 슈퍼마켓들을 관리했다. 그러던 1991년 3월 16일 두순자의 눈에 흑인 소녀 라타샤가 오렌지 주스를 가방에 집어넣는 것이 보였다. 사실 라타샤는 주스를 구입하려 했던 것으로 보인다. 손에 지폐를 쥐고 있었던 것이다.

하지만 두순자는 평소에 강도들에게 많이 시달렸기 때문에 흑인에 대한 선입견이 있었다. 그래서 라타샤가 주스를 훔쳐가려는 것으로 오해하고 바로 라타샤의 가방을 빼앗으려고 했다. 이 과정에서 라타샤의 멱살을 붙잡고 흔드는 등의 폭력을 행사했다. 그러자 성난 라타샤가 두순자의 얼굴을 주먹으로 서너 차례 가격했다. 두순자는 의자를 들어 이를 방어했다. 몸싸움이 잦아든 뒤 어느 정도 화가 풀린 라타샤는 주스를 계산대 위에 올려놓고 슈퍼마켓을 나가려고 했는데, 두순자가 권총을 꺼내 빠져나가는 라타샤의 뒤통수를 향해 발사했다. CCTV 영상에 따르면 우발적으로 발사한 것이 아니라 정확하게 조준하여 사격한 것으로 확인되었다.

두순자는 살인죄로 기소되었고, 검찰은 무기징역을 구형했다. 싸우는 과정에서 총을 발사한 것이 아니라 싸움이 다 끝난 다음 가게를 떠나는 상대의 뒤에서 발사했다는 점에서 고의적인 살인을 적용한 것이다. 그런데 판사는 유죄만 인정했을 뿐 고의성이 없는 우발적인 살인을 적용하여 보호관찰 5년, 사회봉사 400시간을 선고하고 집행유예 판결을 내렸다. 즉, 두순자는 교도소에 가지 않게 되었다.

일단 매우 어이없는 판결로 보이기 쉽다. 실제로 흑인 사회는 이 판결 때문에 분노했다. 흑인에 대한 차별이 사법체계를 움직이고 있다는 불신이 거세게 타올랐다. 유명한 힙합 뮤지션인 아이스 큐브는 대놓고 한국인을 비난하는 〈블랙 코리아〉를 발표했다. 가사 일부를 보자.

마치 세상의 흑인들이 모두 도둑질만 한다고 생각했는지 내 움직임을
하나하나 지켜봐.

언제나 권총을 꺼내 그들의 귀여운 가게를. 털지 않길 바라지. 하지만
××아, 난 직업이 있어.

네 물건 훔치려고 하는 게 아냐, 좀 가만히 놔둬.

내가 네 가게 어딜 가든 따라오지 마. 안 그러면 잡채나 먹는 네놈들
은 전국적인 불매 운동의 타깃이 될 거다.

검은 주먹에 존중심을 표해. 안 그러면 가게를 재만 남게 태워 버릴
테니.

하지만 사건을 좀 더 상세히 들여다보면 판결이 그렇게 이상한
것만은 아니었다. 사건 정황이 담긴 CCTV 영상을 본 배심원들은
문서로는 그저 "서너 차례 얼굴을 가격했다"라고 되어 있는 상황이
훨씬 심각하다고 느꼈다.

문서상으로는 15세 소녀와 49세 중년 여성이라고 되어 있어서
마치 피해자가 약자처럼 느껴지지만, 실제 영상에서는 덩치가 큰
흑인 여성과 자그마한 동양 여성이었다. 그래서 라타샤가 두순자에
게 휘두른 주먹은 단지 "서너 차례 얼굴을 가격했다"고 할 만한 수
준이 아니었다. 두순자가 충분히 생명의 위협을 느낄 수도 있는 수
준의 폭행이었다.

다만 문제는 두순자가 폭행을 당하는 상황에서 총을 쏜 것이 아니라 폭행 상황이 다 끝난 다음에 쏘았다는 데 있다. 뒤에서 쏘았다는 점에서 정당방위라고 할 수는 없지만, 죽여야겠다는 명백한 의도를 가지고 정확하게 조준 사격을 했다고는 보기 어렵다. 모멸감, 두려움, 흥분 등 격앙된 감정에서 쏘았을 것이라고 보는 것이 합리적이다. 따라서 고의적인 살인이 아니라 충동적이고 우발적인 살인이라고 볼 수 있다. 그러니 유죄는 분명하고(정당방위가 아니니), 1급 살인은 아니다. 정리하면 이렇다.

검사의 주장: 애초에 싸움도 피고인 두순자의 오해에서 비롯되었고, 뒤돌아서 나가는 상대를 조준 사격하여 죽음에 이르게 한 것은 명백히 고의적인 살인이니 무기징역 등 중형에 처해야 한다.

배심원의 판단: 생명의 위협을 느낄 정도로 폭행당한 직후 극도로 흥분한 상태에서 저지른 충동적이고 우발적인 살인이다.

판사의 판단: 피고인은 전과도 없고, 재범의 위험도 없다. 따라서 비록 살인이라고는 하나 정상적인 심리 상태가 아닌 상황에서 저지른 우발적인 범행이라는 점 등의 정상을 참작하여 그 집행을 유예한다.

하지만 이미 불만에 가득 찬 흑인 사회가 이런 재판의 속사정을 냉정하게 판단할 수는 없었다. 더군다나 방송국들은 라타샤가 두 순자를 폭행하는 장면은 싹 잘라내고, 두순자가 라타샤의 뒤통수에 총을 쏘는 장면만 반복해서 방송했다. 누가 봐도 흑인들의 분노를 한국인들에게 전가하려는 고의가 느껴지는 편집이었다. 실제로 흑인 사회의 분노는 한국인, 한국인과 외모가 비슷한 아시아인들을 향했다.

한국인들은 경찰의 방치 아래 자경단을 조직하여 6일간 자신들의 집과 터전을 지켜야 했다. 그 와중에 상점이 약탈되는 등 엄청난 재산 손실을 감수해야 했다.

광란의 6일이 끝난 뒤 백인들도, 흑인들도, 그리고 한인들도 모두 뼈아픈 교훈을 얻었다. 로스앤젤레스 폭동 이후, 미국 사회에서는 차별을 표현하는 단어가 금기시되었다. 무엇보다도 인종을 색깔로 지칭하는 일이 사실상 금기시 되었다. '백인', '흑인', '황인' 대신 '유럽계', '아프리카계', '아시아계'라는 말을 사용하게 되었다. 특히 선출직, 교사, 공무원에게 인종 차별 여부는 매우 중요한 기준으로 적용되었다. 일단 인종 차별과 관련한 구설수에 오르면 사실상 공직 경력은 끝장난 것이나 다름없다고 볼 정도로 엄격하게 적용되었다.

로스앤젤레스 경찰국을 비롯한 경찰도 바뀌었다. 로드니 킹 사건에 관련된 사람들은 모두 물러났고, 경찰국장 데릴 게이츠도 경질되었다. 경찰관을 채용할 때는 의식적으로 유색인종 비율을 높였다. 백인 일색이었던 로스앤젤레스 경찰국이 아프리카·라틴·아시아계 경찰관을 흔히 볼 수 있는 조직으로 탈바꿈했다. 경찰이 피의자를 연행하거나 수사하는 과정에서 관행적으로 저지르던 폭행과 언어폭력에도 경종이 울렸다. 범죄자는 거칠게 다뤄도 된다고 생각하던 경찰들의 사고방식이 문제가 되었고, 피의자 인권보호가 중요한 의제가 되었다. 로드니 킹을 폭행했던 경찰관 4명은 연방 민권법 위반 혐의로 모두 재기소되었고, 주도적으로 폭력을 행사한 2명에게 유죄가 선고되었다.

한인 사회도 바뀌었다. 코리아타운 등 한인끼리 커뮤니티를 이루고 사는 것에서 벗어나 적극적으로 미국 사회에 참여하는 움직임이 나타났다. 미국 사회의 한 부분으로 적극적으로 참여하지 않으면 공권력의 완전한 보호를 받지 못한다는 교훈을 얻은 덕분이다. 다른 한편, 유럽계 미국인에 비해 아프리카계, 라틴계 등 미국 사회의 소수자들과 거리감을 두었던 풍토를 반성하는 움직임도 일어났다. 아프리카계, 라틴계와 연대하는 한인들이 크게 늘었다.

갈수록 선정적으로 바뀌는 언론의 범죄, 재판 관련 보도 행태에 대한 비판도 늘어났다. 사실 로스앤젤레스 폭동의 진짜 범인은 다름 아닌 언론사들이었다. 이들은 언제나 양면을 가지고 있는 진실을 은폐하고, 그중 자극적인 부분만 발췌해 보도했다. 자극적일수록 사람들을 끌어들이기 쉽고, 그래야 시청률 경쟁에서 앞서나가기 때문이다. 만약 언론사에서 로드니 킹이 경찰관들을 뿌리치고 주먹을 휘두른 장면, 라타샤가 두순자의 얼굴을 주먹으로 마구 때리는 장면까지 공정하게 공개했다면 로스앤젤레스 폭동이 이 정도로 확대되지는 않았을 것이다.

그러나 미국 사회는 아직 로스앤젤레스 폭동의 교훈을 완전히 소화한 것 같지는 않다. 언론의 자극적이고 선정적인 범죄 및 재판 보도는 여전하며, 아프리카계에 대한 차별은 덜 노골적일 뿐 여전히 사회 곳곳에서 조금씩 그 독소를 퍼뜨리고 있다.

로스앤젤레스 폭동으로부터 20년이 지난 2014년에 다시 터져 나온 퍼거슨 사태는 백인 경찰의 과잉 대응으로 흑인 피의자가 목숨을 잃으면서 성난 흑인들이 들고일어난 사건으로, 인종 차별 문제에 관한 한 미국 사회가 아직 갈 길이 멀다는 사실을 보여 주었다. 다행히 퍼거슨 사태는 1991년처럼 폭동으로 번지지는 않았다. 아프리카계 시민들은 경찰에 항의하는 대규모의 침묵 시위, 불복종 시위를 통해 자신들의 분노를 품위 있게 표현했다. 로드니 킹 사건을 통해 가장 많이 성숙한 집단이 미국의 주류사회가 아니라 오히려 아프리카계임을 보여 준 셈이다.

한 명의 도둑을 잡느냐,
열 명의 억울한 사람이
없도록 하느냐

O. J. 심슨 사건

리얼리티 쇼는 인기 있는 방송 프로그램이다. 실제 상황이 주는 생생함과 긴장감 때문에 드라마보다 더 재미있다고 한다. 남의 삶을 훔쳐보고 싶어 하는 관음증을 자극하는 방송은 드라마보다 제작비가 적게 들기 때문에 방송사들 역시 매우 선호하는 포맷이다.

아무리 생생한 리얼리티 쇼라고 해도 어느 정도는 설정이 들어가고 제작이 필요하다. 하지만 아무 설정이 들어가지 않은 실제 상황만으로 이루어진 리얼리티 쇼라면? 더군다나 그 상황에 유명한 슈퍼스타가 연루되었다면? 사실 보도를 빙자해 출연료 한 푼 없이 슈퍼스타를 출연시켜 시청률을 높일 수 있는 절호의 기회다. 이런 이유로 미국 방송사들은 범죄와 재판을 좋아했다. 액션 영화보다 실제 범죄 현장이 더 생생한 긴장감을 줄 뿐 아니라 제작비나 출연료도 거의 들지 않기 때문이다. 그래서 경찰보다 방송국 카메라가 범죄 현장에 먼저 도착하기 일쑤였고, 경찰이 범인을 체포하는 장면도 실시간으로 방송되었다.

1994년, 체포에서부터 수사 과정, 재판과 판결, 그리고 판결 이후의 인터뷰까지 엄청난 시청률을 기록하며 전국에 생방송으로 중계된, 그야말로 슈퍼 리얼리티 쇼라 할 만한 사건이 일어났다. 유명한 혹은 악명 높은 O. J. 심슨O. J. Simpson(이하 심슨) 사건이다. 이 사건은 선정적인 방송사들이 좋아할 만한 요소를 모두 갖추었다.

❶ 살인 사건: 아무래도 절도나 사기 사건보다 살인 사건이 훨씬 더 선정적일 수밖에 없다.

❷ 남편이 아내를 살해한 혐의로 기소: 길을 걷다 강도에게 살해당한 사건보다 가족 간의 살인 사건이 더 선정적일 수밖에 없다.

❸ 흑인과 백인: 살해당한 아내는 백인, 살해 혐의를 받는 남편은 흑인이다. 로드니 킹 사건이 일어난 지 불과 2년 만이다. 미국이 인종 간의 갈등, 차별 문제에 극도로 민감하던 시기에 백인 여성을 살해한 혐의를 받는 흑인 남성이라는 판이 짜였다. 단숨에 미국인들의 관심을 확 빨아들일 만한 요소다.

그러나 언론사들이 썩은 고기를 향해 몰려드는 하이에나처럼 이 사건에 달려든 까닭은 사건의 당사자인 심슨이 불세출의 스포츠 스타이기 때문이다.

심슨은 미국 프로미식축구리그 NFL의 버펄로 빌스, 샌프란시스코 포티나이너스 등의 팀에서 11년간 맹활약한 러닝백이다. 그저 유명한 선수가 아니라 1970년대 최고의 러닝백으로 꼽히며 1985년 미식축구 명예의 전당에 오를 정도로 유명한 선수였다. 명예의 전당이라는 곳은 단지 경기만 잘한다고 해서 오를 수 있는 곳이 아니다. 선수로서나 시민으로서나 모범적인 생활을 했을 때 오를 수 있다. 즉, 심슨은 위대한 운동선수이자 모범적인 시민으로 부와 명예와 존경을 다 누린 인물이었다.

심슨은 운동뿐만 아니라 배우로도 성공했다. 엄청난 인기를 바탕으로 선수 시절에도 TV나 영화에 종종 출연했는데, 주로 정의롭고 용감한 역할을 맡아서 좋은 인상을 남겼다. 특히 재난영화 최고의 걸작 중 하나로 손꼽히는 〈타워링The Towering Inferno〉(1974)에 소방관으로 출연해 큰 인기를 끌었다. 1977년에는 아예 영화사를 차렸고, 은퇴한 다음에는 전업 배우로 활동하면서 여러 영화의 주연을 맡았다.

1990년대 이후 가장 유명한 흑인이 농구 선수 마이클 조던Michael Jordan이었다면, 1970년대는 단연 심슨의 시대였다고 해도 과언이 아니다. 1970년대가 흑인의 사회 진출이 쉽지 않았던 시대임을 감안하면 오히려 심슨이 조던보다도 더 유명했다고 할 수도 있다. 심슨은 흑인도 열심히 노력하면 범죄에 빠지지 않고 성공할 수 있음을 보여 준 역할 모델이었다. 실제로 심슨이 미국의 국기라 할 수 있는 미식축구에서 성공함으로써 미국 사회에서 흑인의 위상 자체가 상당히 높아졌다.

그러나 심슨의 가정사는 그리 순탄하지 못했다. 대학교 2학년 때 결혼한 첫 번째 부인과의 사이에 세 아이를 두었는데, 셋째 딸이 수영장에서 익사하는 불행을 겪은 뒤 결국 이혼하고 말았다. 그리고 2년 뒤, 당시 18세였던 백인 니콜 브라운Nicole Brown과 결혼했다. 성공한 흑인 남성과 미모의 백인 여성 커플은 당시만 해도 그렇게 흔하지 않았기 때문에 이 결혼은 미국 사회의 비상한 관심을 끌었다. 이들은 슬하에 두 자녀를 두었지만, 결국 1992년에 파경을 맞이하고 말았다.

두 사람이 이혼한 지 2년 뒤인 1994년 6월 12일, 니콜이 이탈리아 레스토랑 종업원이었던 론 골드만Ron Goldman과 함께 변사체로 발견되었다. 이혼 과정이 원만하지 않았고 이혼한 뒤에도 심하게 다투는 일이 잦았기 때문에 경찰은 심슨을 피의자로 지목했다. 그런데 심슨이 경찰에 출석하겠다는 약속을 깨고 도주하고 말았다. 경찰은 장장 백 킬로미터의 추격전을 펼친 끝에 심슨을 체포했다.

이 추격전은 헬리콥터를 타고 쫓아간 CNN에 의해 생중계되었다.

미국은 물론 온 세계의 관심이 이 재판에 집중되었다. 한때 미국에서 가장 유명한 스포츠 스타이자 무비 스타이며, 미국 흑인들의 위상을 끌어올렸다는 평가를 받을 정도로 존경받던 인물, 즉 가장 유명한 흑인이 자신의 전처를 포함하여 두 사람이나 되는 백인을 살해했다. 이보다 선정적일 수 없었다.

경찰은 심슨이 범인이라고 확신했는데 인종적인 편견이 아니라 실제로 그럴 만한 증거가 많이 있었다.

❶ 살해당한 남성 골드만의 셔츠에서 머리카락이 발견되었는데, 아프리카계의 것이었다.

❷ 사건 현장에서 피 묻은 왼쪽 장갑이 발견되었는데, 여기서 심슨, 니콜, 골드만 세 사람의 DNA가 모두 검출되었다. 그런데 심슨은 왼손잡이였다. 또 심슨의 집에 그 왼쪽 장갑과 같은 모델의 장갑이 발견되었는데, 오른쪽뿐이었다.

❸ 심슨의 양말에서 혈액이 검출되었는데, DNA 분석 결과 피살자인 니콜의 것이었다.

❹ 사건 현장 주변에서 발견된 발자국이 심슨의 발 크기와 일치했다.

❺ 심슨은 이혼한 뒤에도 니콜을 상습적으로 폭행해 고발당한 적이 있었다.

❻ 체포 당시 심슨이 입고 있었던 셔츠에서 피살자인 골드만의 혈액
　 이 대량으로 발견되었다.

그 밖에도 여러 다른 증거들과 증인들이 있었다. 확보된 증거가
너무 완벽해서 심슨이 빠져나갈 가능성은 거의 없어 보였다.

그런데 놀라운 일이 일어났다. 심슨이 엄청난 비용을 지불하고
고용한 변호사들이 완벽해 보이던 증거를 이렇게 하나하나 반박하
기 시작했다.

❶ 증거 수집 과정이 허술했다. 당시 감식반은 증거물을 맨손으로 다
　 루는 등 초기 조사 작업이 허술했기 때문에 이들이 수집한 증거의
　 신뢰성이 떨어진다.
❷ 사건 현장은 평소 심슨이 자주 드나들었던 곳이다. 따라서 사건
　 당일이 아니더라도 심슨의 DNA가 도처에 있을 수 있다. 따라서
　 현장에 장시간 방치된 니콜과 골드만의 시체에 심슨의 DNA가 묻
　 어 있다는 것만으로 심슨이 범인이라고 단정할 수 없다.
❸ 최초 조사에는 없었던 혈흔이 3주 후에 발견되고, DNA 대조를 위
　 해 채취한 심슨의 혈액 중 150밀리그램이 사라졌는데, 나중에 사
　 건 현장에 경찰이 들고 나타나는 일도 있었다. 그렇다면 그들이
　 현장에 와서 심슨의 혈액을 뿌려 놓는 등 증거를 조작했을 가능성

이 있다.

❹ 이 허술하고 의심스러운 조사를 한 감식반원들 중 흑인은 아무도 없었다. 이들이 인종에 대한 편견을 가지고 심슨에게 불리하도록 증거를 조작했을 가능성이 있다.

❺ 왼손잡이는 미국 인구의 약 10퍼센트로 적어도 2,600만 명 이상이다. 따라서 왼손잡이 장갑이 발견되었다는 것만으로 심슨을 범인으로 단정할 수 없다.

이때부터 이 재판을 강력하게 지배한 단어가 생겼다. 바로 '흑인 혐오'였다.

"무엇보다도 사건 현장에서 발견되었다는 왼쪽 장갑도 의심스럽습니다."

변호사가 말했다.

"이 장갑을 증거로 제출한 형사는 평소에 흑인에 대한 혐오가 강한 인종차별주의자였습니다."

"변호인, 그 말에 책임질 수 있습니까?"

"여기 녹음테이프를 증거로 제출합니다. 배심원들이 들을 수 있도록 틀겠습니다."

변호사가 재생한 테이프에서는 쉴새없이 '깜둥이nigga'라는 단어를 남발하는 사건 담당 형사의 목소리가 생생하게 담겨 있었다.

배심원들이 술렁거리기 시작했다. 하지만 진짜 큰 것은 조금 있다 나왔다.

"깜둥이들이 관련된 사건에선, 하여간 깜둥이들을 잡아넣어야 해. 증거가 없으면 만들어서라도 말이야. 깜둥이를 잡아넣는 거, 그게 바로 정의야."

"이 형사를 증인으로 신청합니다."

변호사의 요구는 즉각 받아들여졌다. 그러나 증인으로 소환된 담당 형사는 묵비권을 행사했다.

"증인은 사건 현장에서 장갑을 발견한 게 맞습니까? 아니면 증인이 장갑을 가져다 놓았습니까?"

"……."

이제 배심원들은 인종차별주의자인 사건 담당 형사가 흑인에 대한 혐오감 때문에 증거를 조작해 심슨을 모함했을 가능성을 생각하기 시작했다.

변호인단의 반박은 계속되었다.

"가정 폭력이 있는 가정이었다고 아내를 살해했다는 증거가 될 수는 없습니다. 비록 심슨이 니콜을 폭행한 적이 있지만, 가정 폭력이 있는 가정에서 실제로 살인 사건이 발생한 사례는 극히 일부입니다. 사건 전에 심슨이 니콜을 폭행했다는 것이 그가 니콜을 살해했다는 증거가 될 수는 없습니다. 무엇보다도 경찰이 가장 유력한 증거라고 제출한 저 장갑이 실제 심슨의 것인지 직접 확인해 볼 것을 요청드립니다."

"인정합니다. 피고인은 증거물인 장갑을 직접 껴보시기 바랍니다."

이 장면이 재판의 하이라이트였다. 매우 유력한 증거로 제출된 피해자의 혈액과 심슨의 혈액이 모두 묻어 있는 왼손잡이 장갑이 심슨의 왼손에 맞지 않았던 것이다. 배심원단이 술렁거렸다.

그 후에도 변호인단의 깐깐한 변호가 계속되었다.

"심슨이 기소되어 재판이 열리기도 전에 주요 언론들은 이미 그를 범인으로 몰아가는 보도를 했습니다. 배심원단 중에서도 이 보도들을 미리 보거나 읽은 분들이 많은 것으로 알고 있습니다. 이렇게 피고인에 대한 선입관과 반감을 가진 상태에서 공정한 판결을 내릴 수는 없습니다. 배심원단의 교체를 희망합니다."

재판부는 변호인단의 의견을 받아들여 배심원단을 여러 차례 교체했다. 하지만 변호인단은 로드니 킹 사건의 배심원단이 백인들로 이루어졌기 때문에 끝내 참변을 불러왔음을 강조하며 계속 몰아붙였다.

"로스앤젤레스는 평소 백인 경찰들의 인종 차별이, 특히 흑인 혐오가 심한 곳입니다. 그들의 그런 행위가 1992년 로스앤젤레스 폭동의 원인이 되었음을 깊이 생각해 주시기 바랍니다. 인종 차별 경찰이 이 나라에 얼마나 큰 골을 팔 수 있는지 말입니다. 이 사건도 크게 다르지 않습니다. 평소 흑인에 대한 혐오감을 공공연히 드러내던 형사가 부유하고 유명한 흑인을 흉악범으로 몰고 가기 위해, 고의든 아니든, 피고인에게 유리할 수 있는 정황과 증거를 무시하고 처음부터 그를 범인으로 단정 짓고 사건을 수사하고 증거를 수집한 것입니다. 이 사건 전체가 인종 차별로 덮여 있습니다. 더군다나 중요한 증거들 중 적어도 하나 이상의 조작이 의심됩니다. 만약 이런 사실들이 명백함에도 심슨을 감옥에 보낸다면, 이는 사회에서 인정받고 존경받는 스타라 할지라도 흑인인 이상 인종 차별의 예외가 될 수 없다는 신호가 될 것입니다. 그렇다면 유명 인사가 아닌 보통 흑인들이 이 나라에서 어떤 취급을 받게 되겠습니까?"

　12명 가운데 무려 9명이 흑인이었던 배심원단에게 변호인단의 주장은 꽤 효과가 있었다. 마침내 배심원단은 변호인단 측의 주장을 지지하여 심슨에게 무죄 판결을 내렸다. 이 판결은 미국뿐 아니라 전 세계에 엄청난 파문을 일으켰다. 대부분의 사람들, 특히 백인들은 심슨이 진범이며, 증거가 이를 뒷받침한다고 생각했기 때문이다. 지금도 백인들 중 상당수는 여전히 심슨이 니콜을 살해했다고 믿고 있다. 로스앤젤레스 폭동의 여파로 흑인들로 이루어진 배심원단이 편을 들어주었고, 인종차별주의라는 딱지가 부담스러웠던 판사가 편파적으로 재판을 이끌었다는 것이다.

어쨌든 심슨은 무죄 방면되었다. 미국의 재판은 검사에게 항소권이 없다. 1심에서 무죄가 나오면 그걸로 끝이다. 심슨은 감옥에 가는 것은 면했지만, 피해자 니콜의 유가족이 거액의 손해배상을 제기해 민사 재판을 받아야 했다.

1997년에 열린 이 재판에서 심슨은 패소했다. 이해하기 어려운 결과다. 형사 재판에서는 니콜을 살해한 혐의에 대해 무죄 판결을 받았는데, 민사 재판에서는 니콜을 살해한 것에 대한 손해배상을 청구받은 것이다. 총 3,350만 달러. 우리 돈으로 약 350억 원 정도 되는 엄청난 액수였다. 이미 형사 재판 변호사비로 수백억 원을 쓴 심슨에게 다시 수백억 원의 배상금을 내라는 것은 사실상 파산하라는 뜻이다. 민사 재판부는 비록 형사 처벌을 받지 않았지만 "너는 틀림없이 범인이니 배상금을 벌금 삼아 물리겠다"라고 선포한 것이다.

하지만 이미 무죄 판결을 받은 심슨을 다시 형사 재판에 걸어넣을 수는 없다. 일사부재리 원칙이 적용되기 때문이다. 심슨이 유족들에게 지급한 배상금은 백만 달러에도 미치지 않았다. 법의 빈틈을 요리조리 잘 이용했다고 한다. 2007년에 강도 짓을 하다가 체포된 것을 보면 정말로 형사 재판 변호사비에 돈을 다 쓰고 남은 돈이 없었는지도 모른다. 2008년 법정은, 그가 피해자들을 감금한 상태에서 총을 들고 협박했다는 점을 들어 무기 소지 강도죄, 총기 소지 침입죄, 일급 납치죄, 치명적 무기를 이용한 강요죄, 강도 모의죄, 납치 모의죄, 범죄 모의죄 등의 혐의를 적용해 33년형을 선고했다. 강도죄로서는 상당히 무거운 형벌인데, 어쩌면 이 재판부 역시 심슨이 니콜의 살인범이라고 생각하고 있었는지도 모른다.

심슨은 10년간 복역하고 2017년 71세의 나이로 가석방되었다. 엄청난 배상금과 10년간의 옥살이를 합치면 사실상 니콜 살해에 대해 유죄 판결을 받았을 경우와 별로 차이가 나지 않는 셈이니, 만약 그가 진범이라면 어떤 형태로든 죗값은 치른 셈이다.

이렇게 결과적으로는 마치 사필귀정처럼 마무리되었지만, O. J. 심슨 사건은 미국 사법제도에 많은 논란거리를 던졌다.

사건 자체가 언론사들에 의해 일종의 리얼리티 쇼처럼 중계되고 있을 때, 법률 전문가가 아닌 배심원들이 여론에 휩쓸리지 않고 과연 공정한 평결을 내릴 수 있는지 의문시되었다. 로드니 킹 사건이 일어난 지 얼마 안 된 시점에서 변호인단이 인종 차별 논란으로 재판을 끌고 가지 않았다면 배심원들이 거의 대부분 흑인으로 교체되는 일이 가능했을까? 그리고 흑인으로 이루어진 배심원들이 인종 차별 논란에 영향을 받지 않았다고 할 수 있을까? 진실은 본인들만 알겠지만, 의혹은 계속 남아 있었다.

그럼에도 미국은 배심원제를 계속 고집할 것이다. 미국은 형사재판을 시작할 때 사건명을 인민people vs 피고인으로 명명한다. 피고인은 다른 누가 아닌 인민을 향해 죄를 지었기 때문에 인민의 이름으로 재판한다는 것이다. 따라서 그 죄의 유무는 재판관이 아니라 무작위로 선출된 인민의 대표가 판단해야 한다는 것이다. 하지만 배심원으로 선출되는 게 더 이상 시민의 권리이자 의무가 아니라 귀찮은 멍에라고 생각하는 미국인들이 점점 늘어나고 있는 것도 사실이다.

또 이 사건을 계기로 미국의 형사 재판이 범죄자를 처단하는 일보다 처벌에 대한 방어권 행사에 너무 유리하다는 문제제기도 나왔다. 엄밀하게 말하면, 심슨이 받은 판결은 '니콜을 살해하지 않았다'가 아니라 '니콜을 살해한 죄를 묻기에 충분한 증거가 모이지 않아 의문의 여지가 남는다'이다. 즉, 죄를 물어야 한다는 쪽은 100퍼센트를 주장해야 하는데, 죄가 없다고 주장하는 쪽은 그 주장의 10퍼센트 정도만 무너뜨리면 되는 것이다. 더구나 피고가 무죄가 되면 3심까지 가지 않고 그대로 사건 종결이다. 확실히 범죄자 혹은 그렇게 의심받는 사람에게 유리한 제도다.

한편으로는 국가가 시민의 인신을 함부로 구속하는 일을 방지하기 위해 이런 제도를 긍정할 수 있다. 하지만 다른 한편으로는 이 10퍼센트의 빈틈을 잘 찾아내는, 즉 값비싼 변호사를 고용할 수 있는 사람들은 풀려나고 그렇지 못한 사람들만 구속되는 일, 즉 유전무죄 무전유죄를 들어 이 제도를 비난할 수도 있다. O. J. 심슨 사건을 후자의 대표적 사례로 생각하는 사람들도 적지 않다. 이래저래 이 사건은 자유를 그 무엇보다도 사랑하지만(심지어 범죄로부터의 안전보다도), 그 자유가 계층에 따라 불평등하게 주어질 수 있다는 모순 속에서 분투해야 하는 미국 사회의 단면을 잘 보여 준 사건이다.

미국의 배심원제와 한국의 국민참여재판

우리나라는 사법부에 대한 불신이 높은 편이다. 그래서 이를 보완하기 위해 미국의 배심원제와 비슷한 국민참여재판을 도입했다. 만 20세 이상의 국민 중 무작위로 배심원을 선정한다는 점에서는 미국과 비슷하지만 민사 재판은 해당이 없고 형사 재판에만 한정된다는 점, 그리고 배심원단의 결정이 평결이 아니라 판사에게 주는 의견이며 판사가 이를 반드시 따를 필요가 없다는 점, 피고인이 원하는 경우에만 실시된다는 점에서 미국식 배심원제와 다르다. 국민참여재판은 2008년 2월 대구지방법원에서 처음 진행되었다.

6장

현대 한국의
재판

한국 현대사는 격동이라는 말로도 부족할 정도의 소용돌이로 가득한 역사다. 분단과 냉전, 전쟁과 독재, 여기에 저항한 민주화 운동이 뒤엉켜 있다. 분단과 냉전은 수많은 억울한 희생자를 만들었고, 독재자들은 사법부를 이용하여 정권에 저항하는 세력을 제거했다. 이른바 '사법 살인'이라 불리는 참사들, 각종 가짜 간첩 조작 사건들이 그 사례다.

그럼에도 한국은 점점 민주주의를 향해 발을 내디뎠고, 정권의 도구였던 재판이 인권의 보루로 서서히 변신하기 시작했다. 이러한 변화는 각 시대의 재판을 통해서 그대로 드러난다. 그런 점에서 현대 한국의 재판은 한국 현대사의 스케치라고 해도 부족함이 없다.

전통의 재현인가,
새로운 흑역사의 시작인가

조봉암 간첩 조작 법살法殺 사건

1959년 7월 31일 아침, 대한민국 국회의원과 농림수산부 장관을 지냈던 전前 진보당 당수 조봉암이 서대문 형무소 담장 옆을 걷고 있었다. 별다른 언질은 없었지만 조봉암은 이미 알고 있었다. 기결수를 아침 일찍 감방 밖으로 불러내는 일은 사형 집행밖에 없음을.

그렇게 마지막 길을 걸어가던 조봉암이 잠시 걸음을 멈추었다.

"허어, 벌써 코스모스가 다 피었구려. 좀 보고 가도 되겠소?"

"그렇게 하십시오."

간수가 걸음을 멈추고, 조봉암은 잠시 코스모스 향기를 맡았다.

"이승에서 마지막으로 맡는 냄새가 이거라 참으로 다행이구려. 자, 가십시다."

조봉암이 담담하게 형장을 향해 걸었다.

"마지막으로 할 말은 없습니까?"

집행관이 형을 집행하기 전에 으레 하는 질문을 던졌다.

"음, 그럼 내 한마디 하리다."

조봉암이 굳은 얼굴로 말했다.

"이승만 박사는 소수가 잘살기 위한 정치를 했고, 나와 나의 동지들은 국민 대다수가 잘살게 하기 위한 민주주의 투쟁을 했소. 나에게 죄가 있다면 많은 사람이 고루 잘살 수 있는 정치 운동을 한 것밖에는 없소. 나는 이 박사와 싸우다가 졌고, 승자가 패자를 죽이는 것은 흔히 있을 수 있는 일이오. 다만 나의 죽음이 헛되지 않고 이 나라의 민주 발전에 도움이 되기를 바라며 그 희생물로는 내가 마지막이 되기를 바랄 뿐이오. 그리고 목사님."

"예. 말씀하십시오."

"누가복음 23장 22절을 읽어 주십시오."

입회목사가 성경을 읽기 시작했다.

"이 사람(예수)이 무슨 악한 일을 하였느냐. 나는 그 죽일 죄를 찾지 못하였나니 때려서 놓으리라."

집행관도 간수도 차마 고개를 들지 못했다.

"마지막 소원은 없습니까?"

"막걸리 한 사발과 담배 한 개비만 주시오."

"막걸리는 곤란하고, 담배는 가능합니다."

조봉암은 간수가 건넨 담배 한 개비를 맛있게 태운 뒤 담담한 얼굴로 교수대에 올라섰다. 약 10여 분 뒤인 오전 11시 14분 조봉암의 사망이 공식적으로 확인되었다. 이로써 현대 한국사에 영원히 오점으로 남을 조봉암 간첩 조작 사건의 막이 내렸다.

그런데 사실은 막이 올랐다고 봐야 한다. 이 사건을 계기로 민심은 이승만 정권에 완전히 등을 돌렸고, 결국 4·19혁명으로 이어졌다. 이 사건은 권력자가 정치적인 경쟁자를 반역자로 몰아서 억지 재판 끝에 형장의 이슬로 사라지게 한다는 점에서 조선시대의 옥사獄事나 다름없다. 옥사가 형사 재판으로 바뀌었고, 권력자가 왕에서 대통령으로 바뀌었을 뿐이다.

사건의 발단은 1956년 제3대 대통령 선거로 거슬러 올라간다. 당시 이승만은 탈법적인 3선 개헌으로 세 번째 출마를 감행한 상황이었다. 야당은 강하게 반발했고, 민심도 좋지 않았다. 이승만이 위기감을 느낄 무렵 뜻밖에도 야당인 민주당의 신익희 후보가 선거 유세 도중 사망하는 이변이 일어났다. 남은 후보는 무소속의 조봉암 후보뿐이었다.

이승만은 압도적인 당선을 예상하고 마음을 느긋하게 먹었다.

그런데 막상 투표함을 열고 보니, 뜻밖의 결과가 나왔다. 무소속의 조봉암이 무려 30퍼센트의 득표를 한 것이다. 후보가 사망한 민주당이 야권 단일화에 협조하지 않고, 홀로 남은 야권 후보 조봉암을 전혀 도와주지 않았던 점을 감안하면 엄청난 지지율이었다. 이때부터 이승만과 집권 자유당은 조봉암을 제거할 기회를 노리고 있었다.

조봉암이 진보당을 창당하고 본격적으로 활동을 개시하자 집권 자유당과 우익 단체의 공격이 이어졌다. 조봉암이 북한의 지령을 받은 간첩이라고 몰았는데, 여기에는 양명산이라는 사업가가 관련되어 있다. 양명산은 조봉암에게 후원금을 건넨 사람 중 한 명인데 비밀리에 북한을 왕래하며 밀무역을 하던 자로 실제로 간첩이나 다름없었다. 조봉암은 양명산이 간첩이라는 것을 알지 못했고 그저 돈 많은 사업가 정도로 알고 있었다. 그런데 자유당과 우익 들은 조봉암이 양명산에게 포섭되었고, 그를 통해 북한의 돈을 받아 정치자금으로 썼다며 간첩이라고 뒤집어씌운 것이다.

1958년 1월, 민의원 선거를 넉 달 앞두고 진보당 간부들이 일제히 간첩죄 및 내란죄로 체포되었다. 조봉암은 간신히 피신했다. 경찰은 막대한 병력을 풀어 조봉암 색출에 나섰지만, 은신한 조봉암의 흔적도 찾지 못했다. 이윽고 조봉암은 측근의 반대를 무릅쓰고 자진 출두를 결심했다.

"내가 계속 도망다니면 먼저 체포된 동지들이 뒤집어쓴 무고한 혐의가 사실로 굳어질 것이네. 나는 두려울 게 없으니 가서 떳떳하게 죄 없음을 밝히겠네."

"죽산의 죄 없음은 이승만도 알고 있네. 죄 없음을 알면서도 권력에 위협이 되니 제거하려는 것이네. 지금 붙들리면 다시는 살아서 돌아올 수 없네. 차라리 해외로 망명을 가세나."

조봉암은 고개를 가로젓고 태연한 목소리로 말했다.

"망명을 한다면 어느 나라에서 나를 받아주겠는가. 설사 망명한다고 해도, 내가 간첩이라는 혐의는 사실이 되고 애꿎은 당원들만 희생될 것이 아닌가. 설마 나를 죽이기야 하겠는가? 이 박사가 저러는 건 우리 진보당이 약진하니까 당선되지 못하게 하려는 걸세. 그러니 선거가 끝나면 풀어 주지 않겠나?"

조봉암은 설마 이승만이 자신을 죽일 거라고는 생각하지 못했다. 그럴 수밖에 없는 것이 조봉암을 농림부 장관에 임명했던 사람은 다름 아닌 이승만이었다. 이후 몇 차례 반목이 있었지만 조봉암은 이승만의 비서실장이던 윤치영과도 친분이 있었고, 한때 친親 이승만 계열 의원 활동도 했으며, 이승만의 지지를 바탕으로 국회 부의장을 지내기도 했다. 따라서 이승만이 권력욕이 있는 것은 사실이지만 없는 죄를 뒤집어씌워서 목숨을 빼앗을 정도로 타락했다고는 생각하지 않았다.

그러나 자진 출두하자마자 자신의 생각이 틀렸음을 깨달았다.

그의 혐의는 다름 아닌 간첩죄였던 것이다. 당시 간첩죄는 일단 유죄 판결을 받으면 무조건 사형이었다.

검찰의 기소 내용은 다음과 같다.

❶ 조봉암은 당원을 의회에 진출시켜 대한민국을 파괴하는 것을 목적으로 진보당을 설립했다. 진보당이 대한민국 전복을 목적으로 하는 정당이라는 사실은 해당 정당의 강령을 보면 알 수 있다.

❷ 조봉암과 진보당 간부들은 북한이 밀파한 간첩, 밀사, 파괴공작대들과 접선하여 국가 전복을 기획했다. 이는 간첩 양명산이 조봉암에게 정치자금을 주면서 북괴의 지령을 전달했다는 진술로 증명된다.

❸ 조봉암이 간첩 양명산과 내통한 증거는 조봉암이 수감 중에 간수를 매수하여 간첩 양명산과 주고받은 쪽지의 내용으로 더욱 분명하게 증명된다. 그 쪽지는 압수되어 증거로 언제든지 제출 가능하다. (훗날 이 쪽지는 조작으로 밝혀졌다.)

그러나 1심 재판부는 국가 전복 기도 부분만 유죄를 선고하고, 간첩죄 부분은 조봉암이 양명산의 실체를 알지 못하고 다만 사업가로만 알고 있는 상태에서 후원금을 받았다고 판단해 무죄를 선고한다. 이리하여 합계 징역 5년이 판결되었다.

조봉암의 예상처럼 정치적 경쟁자의 손발을 묶어 놓고, 정권을 재창출하고 슬그머니 화해하고 풀어 주는 모양새였다. 그런데 어이 없는 일이 일어났다. 자유당의 정치깡패인 이정재의 수하들과 반공 청년단원 200명이 법원에 난입한 것이다. 신성한 법정에 깡패들의 구호가 난무했다.

"조봉암은 간첩이다. 사형을 판결하라!"

"판사도 빨갱이다. 빨갱이 판사 유병진을 타도하라!"

법원이 아수라장으로 변했다. 적어도 민주주의를 내세우는 나 라에서는 절대로 있을 수 없는 일이었다. 경찰은 이들을 제지하지 도 체포하지도 않은 채 방관했다.

이렇게 무시무시한 상황에서도 조봉암을 도와준 인물들이 있었 다. 공교롭게도 이승만의 측근인 윤치영과 장택상이었다.

"죽산이 간첩이라고? 절대 그럴 리가 없다."

윤치영은 사건이 보도되자마자 단호하게 고개를 가로저었다. 윤치영은 앞뒤 꽉 막힌 반공주의자로 대한민국 제헌헌법의 "모든 권력은 인민으로부터 나온다"라는 조항의 '인민'이 북한과 같은 용 어라는 것을 문제 삼아 '국민'으로 바꾼 장본인이다. 그런 윤치영이 절대 간첩일 리 없다고 보증한 것이다.

"하지만 조봉암은 공산주의 활동을 한 전력이 있소."

누군가가 이렇게 반문할 수도 있다. 하지만 그 조봉암을 전향시킨 인물이 다름 아닌 윤치영이었다. 이 과정에서 윤치영은 다른 누구보다도 조봉암의 사상 전향 과정을 잘 알고 있었을 것이다.

장택상도 마찬가지다. 그 역시 철저한 반공주의자이자 경찰의 실권자로서 공산주의자들을 잔혹하게 탄압하는 것으로 악명 높은 인물이었다. 그런 장택상이 조봉암이 간첩일 리 없다고 목소리를 높였다. 심지어 그는 간첩 혐의를 받고 있는 조봉암을 찾아가 면회를 하고, 변호사를 선임해 주고, 직접 변론문과 항소장을 써서 법원에 제출하는 등 물심양면으로 도왔다.

이들은 권력 다툼으로 반목하던 사이였으나 조봉암이 간첩이 아니라는 공동 성명을 발표했고, 함께 탄원서를 모으러 동분서주했다.

반면 야당인 민주당은 조봉암을 두둔하지 않았다. 당시 민주당의 유력 정치인이었던 조병옥은 조봉암을 비난하는 성명을 발표하며 엄하게 처벌할 것을 요구했다. 누가 봐도 야권의 주도권을 진보당에게 빼앗기지 않으려는 치졸한 수작이었다. 이렇게 야당마저 간첩이라고 등을 돌리니 조봉암은 완전히 버림받은 인물이 되었다.

이런 상황에서 2심 재판이 열렸다. 2심 판사들은 1심 판결 이후 어떤 일이 일어났는지 잘 알고 있었다. 1심 주심 판사 유병진은 해임되었고, 조봉암을 변호했던 변호사들까지 국가보안법 위반으로 구속되는 판이었다. 사실상 판결은 이미 정해진 것이다 다름없었다. 조봉암이 간첩이라는 유일한 증거였던 증인 양명산이 특무대와 검찰의 고문과 협박에 못 이겨 조봉암이 간첩이라고 허위 진술했다며 진술을 번복하는 등 1심 때보다 유리한 증거가 나왔지만 소용없었다. 결국 2심에서 간첩 혐의에 대해 유죄가 인정되어 조봉암은 사형 선고를 받았다.

2심 판결에 반발한 조봉암의 상고로 대법원에서 최종심이 열렸다. 대법관들의 최초 판단은 무기징역이었다. 하지만 어떤 이유에선지 대법관 중 한 명이 강력하게 사형을 주장했다. 결국 전원 합의가 파기되고 다시 회의가 열렸다. 이 과정에서 어떤 일이 있었는지는 알려져 있지 않지만, 조봉암에 대한 판결이 사형으로 긴급 변경된다. 삼권분립은 교과서에서나 찾아볼 수 있던 시기인 만큼 외부 압력이 행사되었을 가능성이 매우 크다. 주심 김갑수 대법관은 훗날 "무척 괴로웠다"라고 회상하면서 구체적인 언급을 피했다.

사형이 확정되자 민주당은 조봉암과 선 긋기에 바빴을 뿐, 판결에 항의하거나 구명 운동 같은 그 어떤 노력도 하지 않았다. 오히려 이승만의 측근인 윤치영, 장택상만이 모든 것이 이승만의 측근으로 급부상한 이기붕의 농간이라며 분통을 터뜨렸을 뿐이다. 당시 장택상은 법무부 장관 홍진기를 만나 대통령 선거가 임박했으니 잠시 기다렸다 선거 후에 선처하겠다는 약속을 받았었는데 이게 무산되었다. 법무부 장관 정도를 움직일 만한 인물은 실세로 급부상한 이기붕뿐이기 때문이다.

당사자인 조봉암은 사형이 확정되자 의외로 담담하게 심경을 밝혔다.

"법이 그런 모양이니 별수가 있느냐. 길 가던 사람도 차에 치여 죽고 침실에서 자는 듯이 죽는 사람도 있는데 육십 넘은 나를 처형해야만 되겠다니 이제 별수가 있겠느냐. 판결은 잘됐다. 무죄가 안 될 바에야 차라리 죽는 것이 낫다. 정치란 다 그런 것이다. 나는 만 명이 살자는 이념이었고, 이 박사는 한 명이 잘살자는 이념이었다. 이념이 다른 사람이 서로 대립할 때에는 한쪽이 없어져야만 승리가 있는 것이다. 그럼으로써 중간에 있는 사람들의 마음이 편안하게 되는 것이다. 정치를 하자면 그만한 각오는 해야 한다."

그렇게 진보당 간부들과 지도자 죽산 조봉암은 형장의 이슬로 사라졌다. 장택상은 "이 배신에 대한 심판은 이 세상에서 받지 아니하면 천국에 가서라도 받게 될 것이다"라며 분노를 터뜨렸다. 수많은 좌익인사들을 간첩으로 몰아 처단한 인물이 이렇게 말할 정도로 어이없는 사건이었다.

"이것은 법살法殺"이라며 국민들의 분노도 매우 거셌다. 이후 이 사건은 '조봉암 법살 사건'으로 불리게 되었다.

그러면 이렇게 강력한 경쟁자 조봉암을 사법제도를 이용하여 제거한 이승만은 원하는 대로 무제한의 권력을 휘둘렀을까? 결론을 말하자면 정반대였다. 조봉암의 사형 소식은 심상치 않았던 민심이 이승만 정권에 완전히 등을 돌리는 계기가 되었다. 또 조봉암의 사형 집행을 계속 만류했던 미국의 입장도 난처해졌다. 조봉암의 사형 집행은 미국이 이승만 정권에 대한 지지를 포기하는 계기가 되었다. 결국 조봉암을 살해한 바로 다음 해, 이승만 정권은 부정선거를 하지 않고서는 도저히 정권을 차지할 수 없게 되었다. 하지만 이들은 순순히 물러나는 대신 3·15부정선거라는 어처구니없는 일을 자행했고, 마침내 4·19혁명으로 쫓겨나고 말았다. 장택상과 윤치영으로부터 조봉암 법살의 배후로 지목된 이승만 비서실장 이기붕은 결국 일가족이 동반 자살하는 비참한 최후를 맞이하였다. 장택상이 말한 대로 천벌을 받은 셈이다.

이렇게 이승만 정권은 무너졌지만, 조봉암 법살 사건은 박정희, 전두환 등의 독재 정권에서 반복됐다.

이런 '사법 살인'은 이승만 때 시작된 것이 아니다. 조선시대에 수없이 반복되었던 각종 옥사 사건, 환국 사건 들이 원조라 할 수 있다. 굳이 계승하지 않아도 될 전통을 창조적으로 계승한 셈이다.

간첩으로 몰려 처형당한 진보 정치가 조봉암의 명예는 그가 숨을 거둔 지 반세기가 지난 뒤에야 회복되었다. 4·19혁명으로 세워진 제2공화국이 박정희의 군사 쿠데타로 무너지고 1987년 6월 민주항쟁이 일어날 때까지 박정희와 전두환으로 이어지는 군사독재가 계속되었기 때문에 사람들은 '간첩죄'로 처형된 정치인을 입에 올리는 것조차 두려워했다.

결국 사실상 최초의 정권 교체라 할 수 있는 김대중 대통령이 당선된 1997년 12월 이후에야 이 사건과 관련된 사람들의 양심 고백이 나올 수 있었고, 이 잔인한 사법 살인의 실체가 드러났다.

먼저 당시 조봉암과 진보당 인사를 조사했던 경찰국 조사요원 한승격의 충격적인 폭로가 있었다.

"당시 경무대(이승만 대통령의 관저)에서 지시가 내려왔다. 조봉암을 잡아넣지 않으면 이승만 대통령의 당선이 불가능하니 무슨 수를 써서라도 집어넣으라고 했다. 그 구체적인 수위까지 지정했다. 진보당을 해산시키고 조봉암을 사형시킬 정도로 사건을 엮지 않으면 나도 무사하지 못할 것이라는 협박까지 받았다."

국무회의 사무국장을 지냈던 신두영의 비망록도 공개되었다. 여기에는 조봉암을 체포하던 전후 이승만 대통령과 각료들의 대화 내용이 거의 원문 그대로 나와 있다.

〈조봉암 체포 직후〉

이근직 내무장관: 조봉암 이외 6명의 진보당 간부를 검거해 조사 중인 바 그들은 대한민국의 주권을 무시하는 남북협상과 평화통일을 지향하고 이번 봄 선거에서 이러한 노선 지지자를 다수 당선시키기 위해 '5열'과 접선하고 있으며 진보당이 불법 단체냐의 여부는 조사

결과 밝혀질 것입니다.

이승만 대통령: 조봉암은 벌써 조치되었어야 할 인물이다. 이런 사정은 조사가 완료될 때까지 외부에 발표하지 말아야 한다.

〈1심 판결 직후〉

이승만 대통령: 도대체 법관들만 무제한 자유가 허용된다는 것은 이해할 수 없다. 이러한 판사들을 처리하는 방법이 없는지 모르겠다. 조봉암 사건 1심 판결은 말도 안 된다. 그 판사를 처단하려 했으나 여러 가지 점을 생각해 중지했다. 같은 법을 가지고 여러 사람들이 판이한 판결을 내리면 국민들이 이해하지 못할 것이고 나부터도 물어보고 싶은 생각이 있다. 헌법을 고쳐서라도 이런 일이 없도록 시정해야 한다.

〈2심 공판 당시〉

이승만 대통령: 조봉암 사건은 어찌 되었나?

홍진기 법무장관: 현재 공판 중에 있으며 특무대(CIC)에서 유력한 확증이 있으므로 유죄임이 틀림없습니다.

이승만 대통령: 이제 확증이 생겨 유죄라니? 그럼 전에는 증거 없는 것을 기소한 것처럼 들린다. 외부에 말할 때 주의하도록 하라.

이렇게 무죄를 다툴 명백한 증거가 새로 나왔기 때문에 대법원은 이 사건의 재심을 결정하기에 이른다. 2010년 11월, 마침내 대법원이 무죄를 선고함으로써 조봉암은 비록 저세상에서나마 명예를 회복하였다.

이 역사적인 재심 재판의 판결문은 다음과 같다.

무기소지 혐의에 대해서 유죄를 인정하고 그 형에 대해서는 선고유예하며, 국가변란과 간첩 혐의에 대해 원심을 파기, 무죄를 선고한다.

그리고 다음과 같은 이유를 들었다.

❶ 진보당은 자유민주주의를 부정하거나 민주적 기본질서를 위배했다고 볼 수 없고 국가변란을 목적으로 결성됐다고 볼 수 없다.
❷ 진보당의 통일정책도 북한의 위장된 평화통일론에 부수한 것이라고 할 수 없다.
❸ 또한 간첩 혐의에 대해서는 유일한 직접증거인 증인(양명산)의 진술은 일반인에 대한 수사권이 없는 육군 특무부대가 증인을 영장 없이 연행해 수사하는 등 불법으로 확보해 믿기 어렵고 합리적인 의심 없이 증명됐다고 보기 어렵다.

2011년 12월 27일, 서울중앙지법은 조봉암의 유족 4명이 국가를 상대로 낸 손해배상 청구소송에서 "국가는 유족에게 24억 원을 지급하라"고 판결했다. 저승에서나마 조봉암의 영혼이 위로를 받았을지는 아무도 모른다. 어쨌든 국가가 사법제도를 악용하여 저지른 잘못에 대해 비록 반세기나 지난 다음이지만 잘못을 인정하고 피해자에게 보상한 것이다. 생명과 안전을 지키기 위해 만든 국가를 누군가가 악용할 때 이를 제대로 감시하고 견제하지 못한다면 국가는 오히려 그 무엇보다 끔찍한 흉기가 될 수 있다는 교훈을 남기며.

30년 만에 받아낸
무죄 선고

박정희 정권의 사법 살인들

2011년 9월 23일, 서울 고등법원 형사 8부. 판사의 목소리가 근엄하게 울려 퍼졌다.

"영장 없는 구속과 고문, 계속된 위협으로 이뤄진 자백은 증거가 되지 못한다. 또 피고가 일본에서 한민통 대표를 만났을 때 그가 대표라는 사실을 알고 있었다고 볼 증거가 없다. 따라서 피고 김정사의 국가보안법 위반 혐의에 대해 무죄를 선고한다."

'탕탕탕' 의사봉 치는 소리가 끝나기도 전에 백발노인들의 눈에서 눈물이 쏟아졌다. 회한의 눈물, 원망의 눈물, 감격의 눈물이 마구 뒤섞였다. 이미 가장 빛나는 청춘의 10년을 영문도 모른 채 감옥에서 보내고, 감옥을 나와서도 보안감호를 받으며 단 한 번뿐인 인생을 빼앗긴 다음의 일이다. 되돌릴 수 없는 삶, 이렇게 한 사람의 인생을 송두리째 파괴한 국가는 사과 한마디 없이 여전히 무뚝뚝한 목소리로 "무죄를 선고한다"라고 말함으로써 속죄를 다했다는 듯 고개를 돌렸다.

이 재판은 '재일 한국민주통일연합 간첩 사건(이하 한민통 간첩 사건)' 혹은 '재일동포 유학생 간첩 사건(이하 재일동포 간첩 사건)'이라고도 하는 간첩 조작 사건에 대한 재심이었다. 우리나라는 3심제를 채택하고 있기 때문에 원칙적으로는 대법원에서 확정 판결이 나면 더 이상의 재판이 없다. 하지만 새로이 결정적인 증거가 발견되는 등의 변화가 있고, 이 새로운 증거가 기존 판결을 뒤엎을 만하다고 판단될 경우에 한해 대법원은 원심 법원에 재심을 요구할 수 있다. 대법원은 바로 이 재일동포 간첩 사건이 새로운 증거로 인해 판결이 뒤바뀌어야 한다고 판단해 고등법원에 재심을 요구했고, 이를 고등법원에서 받아서 무죄를 선고한 것이다.

이 사건은 1975년 11월 22일 박정희 정권에서 승승장구하고 있던 공안 검사(당시 중앙정보부 대공 수사국장) 김기춘(박근혜의 비서실장이었던 그 김기춘이다)이 "북괴의 지령에 따라 모국 유학생을 가장하여 국내에 잠입, 암약해 오던 북괴 간첩 일당 21명을 검거하였다"라고 언론에 밝히면서 세상에 알려졌다.

김기춘이 발표한 내용에 따르면 김일성으로부터 직접 지령을 받고 재일동포 투자기업체의 임원을 가장해 국내에 잠입한 강우규(당시 60세)가 재일교포 유학생들을 포섭하여 대학가를 선동하고 소요 사태를 일으켜 대한민국의 전복을 꾀했다는 것이다.

이 시나리오에 따라 일본에서 태어났지만 부모의 나라를 알고 싶어 조국을 찾아 공부하고 있던 재일교포 유학생들이 영문도 모르고 체포되었다. 이들은 외부와의 연락이 차단되고, 변호사의 조력을 전혀 받지 못한 채 20여 일간 불법 구금된 상태에서 모진 고문을 받은 끝에 김일성의 지령에 따라 움직이는 국제적인 간첩단이 되었다. 김기춘은 재일동포 10여 명을 포함해 21명을 간첩으로 발표하고 구속, 수감시켰다. 이들 중 상당수가 징역 10년 이상의 중형을 선고받았으며, 몇 명은 사형 선고를 받았다.

1970년대에 기승을 부린 각종 간첩 조작 사건은 그 희생자만 바뀌었을 뿐, 계속 같은 과정으로 확대 재생산되었다. 우선 중앙정보부나 육군 보안사령부 혹은 치안본부 대공분실 등에서 간첩죄를 뒤집어씌울 적당한 대상을 고른다. 주된 희생양은 섬이나 산촌의 농어민들 혹은 해외 유학생이나 교포였다. 농어민은 법률 지식이 없어서 마구 체포해 고문하기 편했고, 해외 교포나 유학생은 국내에 친인척이나 지인이 적어 도움을 청할 곳이 마땅찮았기 때문이다. 박정희가 은근히 이 세 권력기관을 경쟁 붙였기 때문에 서로 없는 간첩을 만들며 실적을 다투었다. 특히 육군 보안사령부는 군 수사기관으로 민간인 수사권이 없었지만 법을 무시한 채 제멋대로 민간인을 연행, 구금하기 일쑤였다.

처음에는 이 조직들이 실제로 간첩을 색출하여 잡아내는 역할을 했을지도 모른다. 하지만 나중에는 생사람을 간첩으로 만들어서 실적을 올리는 쪽으로 변질되었다.

박정희 정권 역시 체포된 사람이 진짜 간첩인지 여부에 관심이 없었다. 누군가를 잡아서 간첩이라고 발표하면 그만이었다. 그 간첩이 국민들 중 이른바 불순분자들을 포섭해 대규모 간첩단을 만들었다고 발표할 수 있다면 더욱 좋았다. "이렇게 간첩과 불순분자들이 날뛰고 있는데 무슨 자유며 민주주의냐? 지금은 준전시 상황이다"라고 독재를 정당화할 수 있었기 때문이다. 따라서 수사기관에게 필요한 것은 끌고 간 사람이 실제 간첩이라는 증거가 아니라 "나는 간첩입니다. 아무개도 간첩입니다"라는 자백이었다.

그러니 일단 이들에게 연행되면 그 누구라도 간첩이 되지 않을 방법이 없었다. 체포영장 따위는 필요 없었다. 임의 동행이라는 방식으로 때와 장소를 가리지 않고 끌고 갔다. 때로는 단지 참고로 조사할 게 있다고 불러들이기도 했다. 그렇게 들어가면 일단 감금되었고, 갖가지 잔인한 고문과 폭행이 가해졌다.

간첩 조작 사건을 기획한 수사기관들은 아무 말 없이 이유도 대지 않고 폭력부터 가했다. 그리고 민주화운동 등 반정부 인사 중 한 사람의 이름을 대면서, 혹은 실제로 검거한 간첩의 이름을 대면서 "너, 이 새끼 알지?"라고 다그쳤다. 모른다고 대답하는 순간 무지막지한 폭행과 고문이 쏟아진다. 그래서 할 수 없이 안다고 대답하면 그다음부터 수사기관이 짜놓은 각본이 나온다. "너, 이 새끼가 소개시켜 준 북한 간첩 만났지?"라고 일방적으로 집요하게 다그친다. 아니라고 대답하면 무자비한 폭행과 고문이 가해진다. 결국 시인할 수밖에 없다. 그리하여 마침내 "저는 간첩입니다"라고 자백하게 되는 것이다. 하지만 이 정도 자백으로는 고문이 끝나지 않았다. 그다음에는 수사관이 "자, 너 간첩질 혼자 안 했잖아? 누구랑 같이 했어?"라면서 다른 사람 이름을 댈 것을 요구한다. 결국 고문을 견디다 못해 누구라도 아는 사람 이름을 댈 수밖에 없다.

이런 과정이 계속되면서 마치 눈덩이처럼 사건의 규모가 커져 대규모 간첩단이 만들어지는 것이다. 만약 고문에 굴하지 않고 끝까지 버티면 배우자나 자녀까지 거론하며 협박했고, 실제로 가족을 고문한 사례도 있었다. 이렇게 고문을 해서 받아낸 허위 자백으로 간첩단 사건을 만들어서 검찰에 넘기면, 검찰 기소부터 법원 판결까지는 사실상 이 수사기관에 대한 사법 서비스나 다름없을 정도로 신속하게 처리되었다. 징역 10년 이상의 중형은 물론 순식간에 사형 선고까지 내렸다. 변호사도 소용없었다. 까딱 잘못하면 변호사까지 간첩으로 몰려 체포될 수 있었다.

간첩 조작 사건 가운데 악명 높은 것 하나가 '유럽 거점 간첩단 사건'(이하 유럽 간첩단 사건)이다. 1973년 중앙정보부가 유럽 유학이나 출장을 다녀온 학자와 공무원 등 54명이 유럽에서 북한 공작원에게 포섭되어 간첩 활동을 했다고 발표하면서 세상을 발칵 뒤집은 사건이다. 이 사건 역시 연행, 감금, 폭행과 고문, 허위 자백이라는 전형적인 과정을 밟았다.

서울대학교 법과대학 최종길 교수도 처음에는 대수롭지 않은 연락을 받았다. 유럽 간첩단 사건과 관련해 참고인 조사가 필요하니 출석하라는 통지였다. 피의자가 아니기 때문에 최종길 교수는 대수롭지 않게 생각하고 웃으며 자진 출두했다고 한다. 실제로 간첩은커녕 간첩 비슷한 사람도 본 적 없으니 무슨 일이 있겠나 싶었던 것이다. 더군다나 최종길 교수의 동생 최종선은 중앙정보부 감찰실 요원이었다. 서울 법대 교수에 중앙정보부 요원의 형을 누가 간첩이라고 의심하겠는가? 그러나 최종길 교수는 중앙정보부에 출석하자마자 바로 감금된 채 모진 고문을 받았다.

최종길 교수는 체포 영장을 보여 달라고 따졌지만 대답 대신 돌아온 것은 무차별적인 구타였다. 이미 답은 정해져 있었다. 유럽 유학 시절 간첩에게 포섭되어 귀국 후 간첩 행위를 했다는 허위 자백. 하지만 법학자의 양심이 이를 거부했다.

결국 최종길 교수는 중앙정보부에 출두한 지 사흘 만에 싸늘한 시신이 되어 나왔다. 최종길 교수의 사망에 대해 중앙정보부는 이렇게 발표했다.

피조사자 최종길은 유럽 유학 시절 동베를린을 통해 들어온 북괴 간첩에게 포섭되어 간첩 행위를 하였으며, 이를 서울대학교 교수라는 신분으로 위장하고 있었다. 그러던 중 이번 사건으로 자신의 간첩 행위가 발각되고, 이를 반박할 수 없게 되자 양심의 가책을 느껴 자신의 죄를 자백한 즉시 본 기관 건물 7층에서 뛰어내려 자살하였다. 워낙 순간적으로 일어난 일이라 조사관이 이를 제지할 틈이 없었다.

아무도 이 말을 믿지 않았다. 누가 봐도 중앙정보부 수사관이 최종길 교수로부터 간첩이라는 자백을 받기 위해 고문하다 살해한 사건이었다. 특히 중앙정보부에서 어떤 일이 일어나는지 누구보다 잘 아는 동생 최종선은 형이 고문당하다 죽었음을 확신하고 몰래 증거를 수집했다. 하지만 세상에 알릴 방법이 없었다.

중앙정보부는 서울대학교 교수이자 내부 요원의 가족이 사망하는 사고가 났기 때문에 이 사건을 더 이상 키우지 않고 덮었다. 최종길 교수의 죽음이 결과적으로 수많은 지식인들의 생명을 구한 셈이다.

한편 최종선은 형의 억울한 죽음을 알리기 위해 중앙정보부 요원다운 작전을 펼쳤다. 우선 형의 죽음에 충격을 받아 정신이 이상해진 것처럼 행동해 정신병원에 입원했다. 정신병동 안에서는 중앙정보부나 공안경찰의 감시를 피할 수 있기 때문에 사건의 진상을 밝힌 비밀노트를 작성할 수 있었다. 이 노트는 무려 100쪽 가까이 되는데, 천주교 정의구현전국사제단 함세웅 신부에게 비밀리에 전달되었다. 하지만 유신의 서슬 퍼런 감시망과 무시무시한 정치 탄압에 함세웅 신부도 이를 공개할 수 없었다. 결국 최종길 교수는 1987년 민주화 운동의 성공 때까지 10년이 넘도록 간첩질 하다 발각되자 자살한 사람이라는 오명을 벗을 수 없었다.

이렇게 억울한 목숨을 앗아간 박정희 정권은 전혀 반성하지 않고 틈만 나면 간첩단 사건을 조작해 공포감을 조성하고 이로써 권력을 유지하려 했다.

1973년 이후 박정희는 자신의 권력이 위기에 처했음을 깨달았다. 그동안 박정희가 독재정권을 정당화한 가장 큰 근거는 경제 성장이었다. '잘살아 보세'라는 구호 아래 경제를 발전시켜 잘살기 위해 민주주의니, 인권이니, 자유니 하는 것은 좀 미루자고 요구할 수 있었다. 그래서 흔히 박정희 정권을 개발독재라고 부른다. 박정희 정권을 지탱하던 또 다른 축은 '반공이데올로기'였다. 북한이, 중국이, 소련이 언제 쳐들어올지 모르니 우리나라는 사실상 전쟁 상태이며 한가하게 민주주의니 자유니 할 틈이 없다는 논리였다.

1962년 군사 쿠데타로 집권한 박정희는 처음에는 주로 경제성장을 내세우면서 정권을 유지했다. 실제로 1960년대에는 경제성장이 빠르게 이루어졌고 '잘살아 보세'가 가능해 보였다. 심지어 아직까지도 그 시절을 추억하며 "누구 덕분에 우리나라가 이만큼 살게되었는 줄 아느냐?"며 호통 치는 노인들이 남아 있을 정도다.

그렇게 경제성장의 힘으로 박정희는 1963년과 1967년에 무력이나 강압이 아니라 선거를 통해 연거푸 대통령에 당선되었다. 하지만 헌법을 뜯어고쳐 대통령을 세 번 연임할 수 있도록 하면서 민심이 흔들렸다. 1971년 선거에서 김대중 후보를 힘겹게 물리치고 당선되기는 했지만, 이미 이 선거에서 경제성장의 약발이 다 떨어지고 있음이 분명히 드러났다.

국민들은 이미 경제성장이 반드시 '잘살아 보세'로 연결되지 않는다는 것을 깨닫고 있었다. 치솟는 물가는 서민들의 삶을 고단하게 만들었지만, 부동산 소유자의 주머니는 천문학적으로 불어났다. 경제는 성장한다는데 노동자들의 삶은 점점 팍팍해졌다. 농촌은 삶이 거의 붕괴되어 무작정 도시로 떠나는 묻지 마 상경이 줄을 이었다. 묻지 마 상경을 한 농촌 사람들은 저임금 중노동에 시달릴 수밖에 없었고, 이는 다시 임금 인상을 억제하는 요인이 되었다.

민심이 등을 돌리고 있었다. 그러자 박정희는 1972년 느닷없이 국가 비상사태를 선포하며 악명 높은 유신헌법을 제정했다. 경제성장이라는 당근을 던질 수 없게 되자 반공이라는 채찍을 강화해서 권력을 유지하겠다는 뜻이다.

"언제든지 북한이 쳐들어올 수 있고, 남파 간첩을 통해 사회 혼란을 부추긴 뒤 남침할 것"이기 때문에 "유신체제를 반대하고 민주주의를 요구하는 목소리는 무조건 사회 혼란을 부추기는 간첩의 지령"을 받은 것으로 몰렸다. 이게 단순한 으름장이 아니라는 것을 보여 주려고 박정희 정권은 끊임없이 간첩 조작 사건을 꾸몄다.

간첩 조작 사건은 두 가지 면에서 효과적이었다. 교육 수준이 낮거나 정부의 말을 잘 믿는 사람에게는 정말 간첩들이 득실거리고 있다는 공포를 심어 주었다. 교육 수준이 높거나 정부에 비판적인 사람에게는 언제든지 쥐도 새도 모르게 끌려가 모진 고문을 받고 간첩으로 몰릴 수 있다는 공포를 줌으로써 입을 막을 수 있었다.

박정희 정권의 폭력 앞에서는 누구도 예외가 될 수 없었다. 상대 후보였던 김대중조차 백주 대낮에 납치해 바닷물에 던져 살해하려 했다. 이 무시무시한 테러는 다행히 일본 총리에게 발각되어 실패로 끝났고, 국제사회의 거센 비난을 받는 등 박정희 정권은 안팎으로 궁지에 몰렸다.

반독재 민주화 운동이 거세지고 있음을 느낀 박정희는 1974년 긴급조치 1호를 발표하며 노골적인 철권독재정치로 대응한다. 긴급조치 1호는 다음과 같은 초헌법적인 내용을 담고 있다.

❶ 유신헌법에 대한 비판 행위를 금지한다.
❷ 유신헌법의 개정 또는 폐지에 대한 일체의 주장, 발의, 청원을 금지하며, 이와 관련한 행위를 타인에게 알리는 일체의 행위를 금지(언론, 출판 등 포함)한다.
❸ 이를 위반한 경우 영장 없이 체포, 구속, 압수, 수색하며 징역 15년 이하에 처한다.
❹ 이 조치에 대해 비방한 자는 비상군법회의에서 심판, 처단한다.

그래도 반독재 민주화운동이 사그라지지 않자 1974년 4월 3일 저녁, 매우 이례적으로 수사기관이 아니라 박정희가 직접 마이크를 잡고 방송에 나와서 민청학련(전국민주청년학생총연맹)사건을 발표했다.

❶ 수사기관은 '민청학련'이라는 단체가 불온세력의 조종을 받아 반체제 운동을 한 정황을 포착했다.
❷ 이들은 공산주의자들로서 국내외 공산세력의 지령을 받아 사회 각층에 침투하여 사회 혼란과 국가 전복을 통해 인민혁명을 일으키려 했다.
❸ 이들이 사회 각계각층에 얼마나 침투해 있는지 알 수 없을 정도다.

따라서 이는 국가 비상사태이니 다음과 같은 긴급조치 4호를 발표
한다.

〈긴급조치 4호〉

❶ 민청학련과 이와 관련한 제 단체의 조직에 가입하거나, 그 활동을
찬동, 고무 또는 동조하거나 그 구성원에게 장소, 물건, 금품 그 외
의 편의를 제공하거나 그 활동에 관한 문서, 도서, 음반 그 외의 표
현물을 출판, 제작, 소지, 배포, 전시, 판매하는 것을 일제히 금지
한다.

❷ 이 조치를 위반한 자, 이 조치를 비방한 자는 영장 없이 체포되어
비상군법회의에서 사형, 무기 또는 5년 이상의 징역형에 처한다.

❸ 학생의 출석 거부, 수업 또는 시험의 거부, 학교 내외의 집회, 시
위, 성토, 농성, 그 외의 모든 개별적 행위를 금지하고 이 조치를
위반한 학생은 퇴학·정학 처분을 받고 해당 학교는 폐교 처분을
받는다.

❹ 군의 지구사령관은 서울특별시장, 부산시장 또는 도지사에게 학
생 진압을 위한 병력 출동 요청을 받을 때는 이에 응하고 지원해
야 한다.

실로 무시무시한 조치가 아닐 수 없다. 한마디로 자신에게 반대

하는 대학생이나 지식인 들은 모조리 민청학련으로 몰아 체포할 것이며, 이런 조치에 반대하는 것은 물론 민청학련에 관심을 가지는 것조차 금지하고, 영장 없이 체포하여 적어도 징역 5년 이상의 중형에 처하고, 여기에 대해 반대시위를 할 경우 그 학생뿐 아니라 소속학교까지 끝장내 버린다는 것이다.

이런 전례 없는 독재에 항의한 사람들은 가차없이 영장 없이 체포되어 유죄 판결을 받았다. 윤보선 전 대통령은 물론 이 사건을 취재했다는 이유만으로 일본인 기자 다치카와 마사키가 징역 20년의 중형에 처해졌다.

이후 무려 1,024명이 중앙정보부에 끌려가 조사를 받았다. 당연히 영장 따위는 없었다. 그중 253명이 군사재판에 넘어갔고, 긴급조치 위반 혐의로 사형과 무기징역이 선고되었다. 가장 가벼운 형이 징역 15년일 정도로 가혹했다.

중앙정보부에 발표에 따르면 이들은 "'인민혁명당(인혁당) 재건위원회와 조총련, 일본공산당, 혁신계 좌파'의 배후 조종을 받아 1973년 12월부터 전국적 민중봉기를 통해 4월 3일 정부를 전복하고 4단계 혁명을 통해 남한에 공산정권 수립을 기도"했다.

이걸로 끝이 아니었다. 중앙정보부의 발표대로라면 이제 이들의 배후라는 인민혁명당 재건위원회를 잡아들여야 했다.

원래 인민혁명당 사건은 1964년 당시 중앙정보부장 김형욱이

고문으로 날조 조작하여 만든 사건이다. 인민혁명당이라는 조직을 만들고 간첩 김영춘과 접선하여 국가를 전복시키고 인민 혁명을 일으키려 한다는 혐의로 26명이 체포되었다. 그러나 중앙정보부로부터 사건을 송치받은 검찰이 18일간 철야 수사를 했음에도 기소할 만한 혐의점을 찾지 못했고, 사건 관련자들이 조사 과정에서 심한 고문을 받고 허위로 자백했음이 밝혀졌다. 얼마나 엉터리로 날조된 사건인지 검사들(이용훈, 김병금, 장원찬)이 "양심상 도저히 기소할 수 없으며 공소를 유지할 자신이 없다"며 사표를 제출할 정도였다. 결국 기소된 26명 중 14명의 공소가 취하되고 나머지 12명도 최초의 죄명과 달리 징역 1~3년의 가벼운 처벌로 마무리되고 말았다.

그런데 중앙정보부는 10년이 지난 시점에 사실상 조작된 사건이었던 인민혁명당이 실제로 있었던 것인 양 인민혁명당을 재건하려는 세력이 민청학련의 배후조직이라고 발표한 것이다. 1974년 5월 27일, 비상군법회의는 인민혁명당 관련 인물들을 다시 체포해 국가보안법·반공법 위반, 내란 예비 음모, 내란 선동 등의 혐의로 기소했다. 체포부터 1심, 2심, 3심까지 10개월밖에 걸리지 않은 초고속 재판이었다. 답은 이미 정해져 있으니 판사는 선고나 하라는 식이었다. 그리하여 서도원, 도예종 등 8명에게는 사형, 김한덕 등 7명에게는 무기징역, 나머지 8명에게는 징역 15~20년이 선고되었다. 그리고 대법원의 판결이 확정되고 하루도 지나지 않아 사형이 집행되었다. 조봉암 법살 사건 이후 최악의 사법 살인이 자행된 것이다.

이후에도 박정희 정권은 위기를 느낄 때마다 간첩단 사건을 꾸몄다. 재일교포 유학생 간첩단 사건이나 섬마을 간첩단 사건처럼 국내에 도움받을 사람이 별로 없거나 법을 잘 모르는 사람들이 단골로 걸려들었다. 이렇게 억울하게 간첩으로 몰린 사람들은 형장의 이슬로 사라지거나, 청춘을 감옥에 저당잡힌 뒤에야 명예가 회복되었다.

2005년에 발족한 '진실과 화해를 위한 과거사 정리위원회'가 이런 간첩 사건들을 재조사했고, 날조된 증거가 명백한 경우 대법원에 재심을 청구했다. 그리고 대부분의 재심에서 이 사건들의 날조가 인정되어 관련자들의 무죄가 선고되었다. 뒤늦게나마 정의가 실현되고, 시간이 많이 흘렀지만 피해 당사자들의 명예가 회복되었다는 점에서 의의를 찾을 수 있다.

이렇게 뒤늦게 재심결과 무죄 판결을 받은 사건은 다음과 같다.

사건명	당시 판결
인혁당 사건(故 우홍선 등 8명) 인혁당 사건(전창일 등 9명) 인혁당 사건(이성재 등 2명)	1975년 사형, 무기징역 등
《민족일보》 조용수 사건	1961년 사형
태영호 납북 사건	1971년 징역 1년 6월
오송회 사건	1983년 징역 1~7년
납북 귀환 어부 간첩 조작 의혹 사건	1979년 징역 3~10년
차풍길 간첩 조작 의혹 사건	1983년 징역 10년
이수근 간첩 조작 의혹 사건	1969년 사형~무기
이장형 간첩 조작 의혹 사건	1985년 무기
납북 어부 서창덕 간첩 조작 의혹 사건	1984년 징역 10년, 자격정지 10년
김용준 간첩 조작 의혹 사건	1975년 징역 8년
석달윤 등 간첩 조작 의혹 사건	1981년 무기, 징역 1년 6월~2년
정삼금 간첩 조작 의혹 사건	1986년 징역 7년
아람회 사건	1982년 징역 4~10년
이준호, 배병희 모자 간첩 조작 의혹 사건	1985년 징역 3년 6월~7년
신귀영 일가 간첩 조작 의혹 사건	1980년 징역 3~15년
김양기 간첩 조작 의혹 사건	1987년 징역 7년
김기삼 간첩 조작 의혹 사건	1981년 징역 7년
진보당 조봉암 사건	1959년 사형
오종상 긴급조치 위반 사건	1974년 징역 3년~자격정지 3년
납북 귀환 어부 백남욱 등 간첩 조작 의혹 사건	1970년 징역 5년

어떠한 합리적인 의심의 여지도 없을 때

무죄 추정의 원칙과 증거주의 재판의 역사

1983년 9월 13일, 딱딱한 표정을 한 대법관이 무심하게 선고했다.

"원심 판결을 확정한다. 검사의 상고를 기각한다."

판결이 나오자 기자들의 펜이 바빠졌다. 2년간 세상의 이목을 끌었던 박○○ 살해 사건이 결국 미제 사건으로 끝나고 말았기 때문이다. 처음 유력한 용의자로 체포되었던 장○○이 무혐의로 풀려난 뒤, 이번에야말로 하며 구속시켰던 정○○마저 무죄로 석방되면서 완전히 미궁에 빠진 것이다.

하지만 이 재판이 세상의 주목을 받은 까닭은 대법원 확정판결보다 대법원이 확정한 원심의 내용 때문이었다. 바로 "피고의 증언만이 유일한 증거일 경우 유죄를 인정하지 않는다"라는 원칙이 확인된 거의 최초의 사례이기 때문이다.

이 사건은 박○○ 씨가 1981년 9월 21일 강남구 삼성동의 한 야적장에서 암매장된 변사체로 발견되면서 시작되었다. 박 씨는 명문여대 4학년생이었다.

당시 경찰의 조사 결과 확인된 사실은 다음과 같았다.

❶ 사인은 질식사로. 목을 조른 흔적이 발견되었다.
❷ 이와 더불어 얼굴과 몸에 둔기에 맞은 타박상이 발견되었다.
❸ 그럼에도 반항한 흔적은 발견되지 않았다.
❹ 피살자의 몸에 정액과 치아 자국이 남아 있는 등 살해당하기 얼마 전에 성관계를 가졌음을 확인할 수 있었으며. O형 혈액형을 가진 남성의 체모가 발견되었다.

이러한 증거에 따라 경찰은 범인이 박 씨와 성관계를 할 정도로 가까운 남성으로 보고, 치정 사건으로 판단해 박 씨의 이성관계를 중심으로 용의자를 좁혀 나갔다.

첫 번째로 지목된 용의자는 당시 K대 학생이었던 장○○ 씨였다. 장 씨는 미국 어학연수 중에 박 씨와 만난 사이로 성관계를 할 정도로 깊은 관계였다. 경찰은 박 씨의 사체에서 발견된 치아 자국이 장 씨의 것임을 치과 기록으로 확인했다. 박 씨의 이성관계가 복잡한 점을 감안할 때 치정 살인이 일어날 개연성이 충분했다. 그리고 얼마 지나지 않아 장 씨는 범행 일체를 자백했다. 이로써 사건은 모두 종결된 것으로 보였다.

그러나 사건이 검찰로 송치되자 분위기가 달라졌다. 우선 검찰은 장 씨를 살인 혐의로써는 매우 보기 드물게 불구속 상태에서 수사했다. 장 씨의 아버지가 상당한 유력 인사라는 설이 나돌았다. 당시는 물론 피의자 인권이 많이 확대된 지금도 살인 사건 용의자를 불구속 수사하는 경우는 거의 없을 만큼 이례적인 조치였기 때문이다. 더구나 검찰은 경찰이 작성한 장 씨의 수사기록을 이례적으로 세밀히 검토했다. 마치 검찰이 장 씨의 변호사라도 된 것 같았다.

한편, 장 씨는 자살 소동을 벌이면서 "나는 경찰의 강압적 수사와 고문을 이기지 못해서 허위 자백을 했다. 나는 결백하다"라고 주장했다. 그러자 검찰은 경찰의 수사기록과 장 씨의 자백에서 많은 허점이 발견되었다고 하면서 무혐의 처분을 내렸다.

당시 경찰은 정말 고문을 해서 자백을 받았을까? 영화로도 만들어진 박종철 고문치사 사건이 그 단초가 된다. 1987년, 경찰은 피의자도 아닌 참고인 박종철을 아무 영장도 없이 임의로 끌고 가서 피의자가 어디 있는지 소재를 대라며 고문하다 죽음에 이르게 했다. 하물며 영장을 받은 피의자라면 충분히 고문하고도 남았을 것이다.

"이런저런 이유로 당신이 피해자에게 범행을 저지를 이유가 있었잖아?"

"그 시간에 당신이 거기에 있을 수밖에 없잖아?"

심증(범행 동기)과 정황 증거(알리바이 입증 못함)를 토대로 여러 가지 방식으로 윽박지르거나 회유하다가 피의자가 "그래요, 제가 그랬습니다"라고 자백하면 그걸로 수사가 끝나는 것이다. 물증은 범행 장소에서 발견된 것들을 가지고 피의자의 자백과 끼워 맞추면 된다. 이게 당시의 전형적인 수사방식이었다.

사실 장 씨의 경우 범행이 일어난 날 박 씨와 성관계를 했다는 증거는 있지만, 그것이 꼭 박 씨를 살해했다는 증거라고 볼 수는 없다. 그런 점에서 장 씨가 증거 불충분으로 무혐의 처리된 것은 당연하다. 다만 증거 불충분이라 하더라도 억지로 밀어붙이다가 법원에서 무죄판결을 받은 것이 아니라 검찰이 먼저 증거 불충분 무혐의 처리했다는 것이 예사롭지 않을 뿐이다.

검찰 수사팀은 원점에서부터 다시 수사를 시작했는데, 특히 다음 포인트에 집중했다.

❶ 박 씨는 사건이 발생한 날 밤, 티셔츠와 청바지를 입고 맨발에 슬리퍼 차림이었다. 그렇게 밤늦은 시간에 그런 가벼운 옷차림으로 만날 수 있는 사람은 누구인가? 또 밤늦은 시간에 박 씨를 집 앞에서 불러낼 수 있는 사람은 누구인가? 이 둘을 결합하면 이미 잘 알고 있는 사람, 매우 친밀한 관계에 있는 사람일 수밖에 없다. 그래서 이성관계가 복잡한 박 씨의 수첩 등에서 장 씨를 제외한 남자들을 중심으로 수사를 시작했다.

❷ 박 씨의 아파트에서 사체 발견 장소는 5킬로미터 떨어져 있었는데, 밤에 걷기에는 먼 거리고 버스 노선은 바로 연결되지 않았다. 택시를 탔거나 범인이 자동차를 소유하고 있었을 것이다. 당시 자가용 승용차는 일부 부유층만 가지고 있었으며, 학생 신분으로 차를 몰고 다닐 만한 집은 얼마 되지 않았다.

그 결과 Y대 학생 정OO 씨가 새로운 용의자로 떠올랐다. 정 씨 역시 미국 어학연수 시절 박 씨와 만났고, 1~2주가량 사귀다가 헤어진 사이였다. 정 씨는 박 씨와 다시 사귀자고 요구했지만 거절당했고, 자동차가 있었다. 경찰 수사 과정에서 정 씨의 자동차 트렁크에 낡은 시트커버가 발견되어 보관 중이라는 기록이 있었다. 정 씨는 "시트가 낡아 며칠 전에 새것으로 갈았다"라고 진술했다. 검찰은 이 시트커버를 국립과학수사연구소에 의뢰했고, 박 씨와 같은 O

형의 혈액 흔적을 발견했다.

결국 검찰은 정 씨를 다시 소환했고, 사흘간의 수사 끝에 "제가 차 안에서 박○○을 죽였습니다"라는 자백을 받아 냈다. 정 씨의 자백에 따르면 사건 당일 삼성동에 있는 여관에 가자고 하자 박 씨가 뺨을 때리는 등 모욕을 줘서 자동차 안전벨트로 목을 졸라 죽였다는 것이다.

이 자백을 당시 일간지에서는 「박○○ 씨 피살 사건, 128일 만의 역전 드라마」라는 제목의 기사로 실으며 수사팀의 끈기 있고 뚝심 있는 수사를 칭찬했다. 그리하여 정 씨는 구속기소되고 이 사건은 일단락된 것으로 보였다.

그러나 막상 재판이 시작되자 정 씨 역시 자백 사실을 부인했다. 검찰의 강압에 못 이겨서 자백했다는 것이다. 일단 법원은 자동차 시트에서 발견된 혈액 흔적을 증거로 채택하지 않았다. 이 혈흔이 피해자의 혈액이라고 특정하기에는 너무 양이 적고 손상 상태가 심하다는 것이다(당시에는 DNA 분석 기술이 없었다).

그렇다면 남는 것은 정 씨의 자백이 얼마나 진실하냐 하는 것이었다. 여기에 대해 대법원은 자백의 신빙성을 판단할 기준을 다음과 같이 제시했다.

❶ 자백의 진술 내용 자체가 객관적인 합리성을 띠고 있는가?

❷ 자백의 동기나 이유 및 자백에 이르게 된 경위가 어떠한가?

❸ 자백 외의 정황 증거 중 자백과 저촉되거나 모순되는 것이 없는가?

우선 법원은 피고인의 자백 진술 내용이 여러 차례 바뀌었다는 점을 의심했다. 피고가 의도적으로 숨겼던 사실을 밝히거나 부정확한 기억을 되살린 것으로도 볼 수 있지만, 일단 허위로 자백한 다음 새로운 증거가 나오거나 객관적 상황에 맞지 않는 부분이 나올 경우 검찰이 첨삭 지도했을 가능성도 있다. 이 경우 법원은 피고인의 입장에서 판단하게 된다. 따라서 법원은 정 씨가 한 자백의 신빙성을 부정했다.

또 법원은 피의자가 외부와 격리된 상황에서 자기를 진범이라고 확신하는 수사관들로부터 집중적인 조사를 받는 경우, 설사 수사의 방법이 고문 등 피의자의 자유를 위법하게 침해하지 않는다 하더라도, 스스로 방어의 의사를 포기하고 수사기관의 의도에 영합하는 허위 자백을 할 가능성이 충분하다고 판단했다.

그 결과 판사는 다음과 같이 판결했다.

피고인의 자백이 주된 증거가 되어 있는 사건에서는 그 자백의 신빙성이 조금이라도 의심의 여지가 없어야 하는데, 이와 같은 이유로 정

씨의 자백은 의심의 여지가 있기 때문에 강력한 증거가 되지 못한다. 그리고 이렇게 의심의 여지가 있는 자백 이외의 확실한 증거가 추가로 존재하지 않는다면 그 사건은 유죄로 판결할 수 없다.

결국 정 씨 역시 무죄 판결을 받고 석방되었다. 이후 경찰도 검찰도 박 씨 살해범의 피의자를 더 이상 특정해 내지 못했고, 결국 이 사건은 영구 미제 사건으로 남고 말았다. 다만 "자백이 유일한 증거일 경우는 무죄"라는 원칙이 처음으로 확인된 사건으로 역사에 이름을 남겼다. "한 명의 도둑을 잡기보다, 한 명의 억울한 죄수를 만들지 않는다"라는 형사 재판의 원칙이 제대로 적용된 것이다.

하지만 이 사건의 피의자들이 모두 상당한 특권층이었기 때문에 사실은 '유전무죄 무전유죄'가 확인된 것이 아니냐는 곱지 않은 시선도 있었다. 무죄 추정의 원칙은 어디까지나 핑계고 특권층 자제에 대한 봐주기 재판이 아니냐는 것이다.

이로부터 10년 뒤, 그야말로 평범한 사람들에게도 이 원칙이 적용된 역사적인 재판이 열렸다.

1994년 10월, 부산에서 초등학생 강OO(당시 9세) 유괴살인 사건이 일어났다. 학교에 간 강OO 어린이가 돌아오지 않았고, 아이 대신 협박 전화가 걸려왔다. 새파랗게 질린 부모에게 낯선 젊은이가 이렇게 말했다.

"당신 아이를 우리가 데리고 있으니, 아이를 찾고 싶으면 현금 2백만 원을 부산극장 관람석에 갖다 놓으라."

범인은 의외로 쉽게 잡혔다. 경찰은 탐문수사를 통해 범인이 강OO 어린이의 이종사촌 언니 이OO 씨(당시 19세)라는 사실을 밝혀냈다. 그러나 안타깝게도 강OO 어린이는 이 씨의 집 책상 밑에서 보자기에 싸여 숨진 채 발견됐다.

경찰은 이 씨를 체포하여 진술을 받았고, 이 과정에서 이 씨의 남자친구 원OO와 고등학교 동창인 남OO, 그리고 남 씨의 친구인 김OO 등 3명을 공범으로 체포했다.

경찰의 발표에 따르면 이 사건의 개요는 다음과 같다.

❶ 어느 날 에밀 커피숍에서 원 씨가 "심심하고 용돈도 궁한데 재미 삼아 한 건 하자"라고 제안했다.

❷ 그러자 이 씨가 이모를 골탕 먹일 겸 이종사촌 동생인 강OO 어린 이를 납치하고 몸값을 요구하자고 제안했다.

❸ 범행 자체는 어렵지 않았다. 이 씨가 수업을 마치고 귀가하던 강OO 어린이를 꾀어 데려오자 원 씨의 자동차에 태워서 조흥은행 남포동 지점 옆 공터로 끌고 갔다. 여기서 이들은 강OO 어린이의 집에 협박 전화를 했다. 그러고는 즉시 국제시장 부근 공터로 가서 이 씨와 남 씨에게 망을 보게 하고 차 안에서 원 씨와 김 씨가

강OO 어린이를 목 졸라 살해했다.

❹ 살해 이유는 강OO 어린이가 사촌언니인 이 씨의 얼굴을 알기 때문에 범행이 탄로 날까 두려워서였다.

사건이 발표되자 전 국민이 큰 충격을 받았다. 국민적인 분노가 일었고, 이 극악무도한 범죄자들을 극형에 처해야 한다는 여론이 끓어올랐다. 재판에 대한 관심도 매우 높았다.

1995년 2월 24일, 사건이 법원으로 넘어왔을 때 판사들은 언론에서 보여 주는 뜨거운 관심과 달리 사건 자체는 매우 간단하다고 생각했다. 4명이 이 범행에서 어떤 역할을 했는지를 밝히고 그에 따라 형을 선고하면 되기 때문이다. 그런데 뜻밖에 사건이 꼬이기 시작했다. 공범으로 지목됐던 3명의 피고인이 무죄를 주장한 것이다.

우선 강OO 어린이를 직접 살해한 주범으로 기소된 원 씨가 사건 현장에 있지 않았다는 알리바이를 주장했다. 그리고 그 증거로 증인 이 모 씨의 비디오테이프를 증거로 제출했다. 이 모 씨는 사건 당일인 10월 9일 오후 1시 30분에 대구에 있는 아들 유치원 운동회에서 비디오를 찍었는데, 그 비디오에 원 씨가 나온 것이다. 이에 대해 검찰은 비디오에 원 씨가 나온 시간은 오후 1시 30분이고, 범행 시간은 오후 5시 이후이기 때문에 그 정도 시간이면 대구에서 부산으로 가서 범행에 가담할 시간이 충분하다고 맞섰다.

남 씨 역시 알리바이를 주장했다. 범행 시각에 학교에서 시험을 치고 있었다는 것이다. 그리고 실제 그 시간에 제출된 남 씨의 답안이 있었다. 그러나 검찰은 대리시험 가능성을 제시하며 이 알리바이를 인정하지 않았다. 또한 그 시험의 답안이 타자로 작성되었기 때문에 필적 감정을 해서 그 답안이 실제 남 씨가 작성한 것인지 확인할 길이 없었다. 그러나 남 씨 변호인이 증인으로 신청한 담당 교수가 시험 당일 자신의 강의에서 남 씨의 대리시험이 불가능하다고 증언했고, 남 씨의 같은 과 친구 6명이 "그날 남 씨가 타자실에서 과제를 작성하고 타자 시험 치는 것을 보았다"라고 증언함으로써 알리바이가 유력해졌다.

남 씨는 사건 당일 자신의 행적을 이렇게 주장했다.

3시까지 학교에서 타자 시험을 치름. 시험을 마친 뒤 학교 친구와 함께 시내로 나와 가위손 미용실에서 놀았음. 그러다 남자친구 김 씨와 약속이 있어서 친구만 미용실에 남고 에밀 커피숍에 가서 김 씨와 2시간 정도 놀았음. 범행이 일어난 오후 5시 30분쯤에는 미용실에 남아 있던 친구와 전화통화를 했고, 다시 미용실에 가서 친구와 함께 나왔음.

한국통신이 법원에 제출한 전화 통화 내역이 이 사실을 정확히 입증했다. 남 씨가 강○○ 어린이가 살해당하던 시간대에 부산 중구 남포동 에밀 커피숍에서 부산 서구 충무동 가위손 미용실로 전화 통화를 한 기록이 남은 것이다. 그렇다면 남 씨와 남자친구 김 씨 모두 범행 현장에 있지 않았다는 뜻이 된다.

결국 현장부재증명에 따르면 피해자의 사촌언니 이 씨 외에 공범으로 지목된 세 사람은 모두 범행이 이루어지던 시간에 범행 현장에 없었다.

다음은 법의학 공방이 이어졌다. 피해자가 살해당한 장소인 원 씨의 자동차에서 발견된 머리카락들이 핵심이었다. 검찰 측 증인인 서울대학교 이정빈 교수는 "발견된 머리카락 32올 중 6올이 피해자의 것이며, 나머지 머리카락은 이 씨를 포함한 여러 사람의 것이 섞여 있었다"라고 감정했고, 이에 따라 검찰은 이 씨 외에 공범이 있었다고 단정하여 그 자동차의 차주인 원 씨를 주범으로 기소했다.

하지만 변호인이 신청한 증인인 고려대학교 법의학 교실 황적준 교수는 그 결과가 "감식 방법에 의문이 있는 등 증거 능력에 문제가 있다"고 주장했다. "미토콘드리아 염기서열 분석법은 유전자 중 2개 과변이 부분 모두를 검사하는 것이 필수이며, 일부만 감식한 결과로 동일인임을 단정하는 것은 무리"라는 것이다.

이렇게 피고에게 유리한 증거가 계속 제출되었지만, 결정적으로 재판을 혼돈에 빠뜨린 증언은 피고인 자신의 진술이었다. 원 씨, 남 씨 등 공범으로 기소된 피고인들이 "경찰과 검찰의 강압적인 수사와 고문 때문에 범행에 가담했다고 거짓 자백을 했다"라고 증언한 것이다. 이 진술은 전국을 충격에 빠뜨렸다. 박종철 고문치사 사건이 있은 지 벌써 7년이 지났고, 군사독재 시절이 아님에도 경찰과 검찰의 강압적이고 폭력적인 수사가 여전하다는 것이 드러난 것이다.

부산변호사협회 조사단의 조사 결과 경찰과 검찰의 피의자 고문 의혹이 사실로 드러났다. 조사를 담당했던 부산변호사협회 인권위원회 조사단장 문재인 변호사(훗날 대통령이 된다)는 즉시 연루된 경찰관 14명을 고발 조치했다. 이 사건은 문재인이라는 이름을 세상에 알리는 계기가 된 사건으로 역사에 중요한 한 페이지를 또 장식했다.

마침내 선고공판날이 다가왔다. 재판부는 원 씨, 남 씨, 김 씨가 주장한 알리바이(현장부재증명)와 경찰, 검찰의 가혹행위를 모두 인정했다. 일단 알리바이가 인정되면 남은 증거는 "이들 3명과 함께 범행을 저질렀다"라는 이 씨의 진술과 공범으로 지목된 3명의 자백이다. 그런데 수사 과정에서 경찰, 검찰이 가혹행위를 저질렀기 때문에 그 자백의 진위를 의심할 수밖에 없다. 그렇게 되면 남은 증거는 주범인 이 씨의 진술만 남는 꼴이 된다. 재판부는 경찰이 이 씨가 "저 3명이랑 같이 유괴하고 죽였어요"라고 진술하자 그 3명이 공범이라고 예단한 뒤 원하는 답을 자백할 때까지 가혹행위를 해서 몰아붙인 것이 아닐지 의심했다.

형사 재판의 무죄 추정의 원칙이 다시금 화두로 떠올랐다. 무죄 추정의 원칙은 사실상 처음부터 재판이 피고 쪽에게 기울어진 운동장에서 이루어진다는 뜻이다. 검찰이 재판부로 하여금 조금이라도 합리적인 의심이 들지 않게 하는 명백한 증거로 피고의 범행을 입증하지 않는 한 피고는 아무것도 증명하지 않아도 무죄라는 것이다. 한마디로 피고를 범인으로 몰기에 조금이라도 찜찜한 구석이 남으면 무죄다. 이것은 근대 시민혁명 이후 국가가 함부로 시민의 인신을 구속하는 일을 막기 위해 만들어진 원칙이다.

헌법에서도 명백하게 규정하고 있는 원칙이지만, 그동안 우리나라 재판에서 무죄 추정의 원칙이 정확하게 지켜진 경우는 많지 않았다. 이승만, 박정희, 전두환 등 반공독재정권 시절 이른바 시국사건은 "간첩을 잡기 위해서라면 다소 찜찜하더라도 처벌할 수밖에 없다"라는 무자비한 원칙이 관철되었고, 다른 재판에도 영향을 끼쳤다. 시국 사건의 경우 중앙정보부나 경찰이 어떻게든 자백을 받아내면 그 자백이 강압에 의한 것이건 아니건, 그리고 다른 물증이 있건 없건 국가보안법 위반으로 처벌받았고, 심지어 사법 살인까지 자행되었다. 이런 분위기는 다른 수사기관 역시 가혹행위를 통한 자백에 의존하게 만들었다. 피고인의 방어권은 수시로 무시당했고, 자백이 동기나 정황 증거만 맞으면 유죄 판결 나는 경우도 많았다.

그런데 이제 이 원칙이 제대로 적용될 기회가 왔다. 재판부는 다음과 같이 판단했다.

❶ 피해자의 사촌언니 이 씨의 경우는 본인의 자백과 본인 방에서 발견된 사체 등으로 판단하건대 범행이 명백하다. 따라서 유죄.

❷ 공범으로 지목된 3명의 경우 증거는 다음과 같다.

1) 이 씨가 저 세 사람과 함께 범행했다는 진술

2) 이 3명이 경찰과 검찰에서 한 범행 자백

3) 원 씨의 자동차에서 피해자의 머리카락과 이 씨의 머리카락, 그리고 다른 사람들의 머리카락이 발견되었다. 이는 원 씨의 자동차에서 피해자를 살해했다는 이 씨의 진술과 일치한다.

그런데 다음과 같은 반박이 들어왔다.

❶ 사건 현장 부재증명(알리바이)이 여러 증인을 통해 명백하게 확인되었다.

❷ 3명이 경찰과 검찰에서 범행을 자백할 때 가혹행위가 있었음이 확인되었고, 따라서 자백의 진술성이 의심된다.

❸ 자동차에서 발견된 머리카락으로 특정인을 정확하게 감식할 수

없다는 전문가의 진술이 들어왔다.

이 경우 무죄 추정의 원칙을 적용하면 범죄 입증의 책임이 검찰에게 있는 것이지, 결백 입증의 책임이 피고인에게 있는 게 아니다. 따라서 피고인의 변호 내용이 미심쩍은지 완전무결한지가 판단의 근거가 아니라 검찰의 범죄 입증이 미심쩍은 구석이 있는지 완전무결한지가 판단의 근거가 된다. 즉, 유죄 판결은 '피고가 범행을 저질렀다는 데 대한 어떠한 합리적인 의심의 여지도 없을 때'만 내릴 수 있는 것이다. "자, 틀림없이 무죄지?"가 아니라 "혹시 무죄일 수도 있는 거 아니야?"만으로도 무죄라는 것이다. 그리고 이 사건에는 분명 '합리적인 의심'의 여지가 있다.

따라서 재판부는 이 씨가 단독으로 자신의 사촌 동생을 유괴하여 살해했다고 판단하여 유죄를 선고하고, 다른 3명의 공범에 대해서는 무죄를 선고했다. 다만 이 씨는 유괴살인에다가 다른 사람들을 범인으로 몰고 간 행위 등이 가중되어 사형을 선고받았다. 하지만 사형이 확정 집행되지는 않았고, 훗날 무기징역으로 감형되었다가 가석방되었다.

이 부산 초등학생 유괴 살인 사건 재판은 1984년 여대생 살인 사건 이후 다시 한 번 '명백한 물증이 없으면 무죄'라는 원칙을 확인시켜 주었고, '수사과정에 가혹행위가 이루어질 경우 그 자백은 증거가 될 수 없다'라는 원칙도 확인시켜 주었다. 우리나라의 인권이 그만큼 진일보한 것이다.

한편 재판부가 자백 과정에서 경찰의 가혹행위를 인정함에 따라 연루된 14명의 경찰관에 대한 수사가 이루어졌다. 그 결과 고문을 주도한 허 모 경장은 징역 1년에 자격정지 3년, 집행유예 2년을 선고받았고, 그 밖에 공범으로 불구속 기소된 경찰들은 징역 8개월에 자격정지 2년, 집행유예 2년을 선고받았다. 죄 없는 젊은이들의 인생을 끝장낼 수도 있었던 죄에 비해 너무 가벼운 벌이라는 느낌을 지울 수 없다.

미투,
그 수십 년의 아픔

신 교수 성희롱 사건

2018년 상반기를 뒤흔든 한마디는 '미투MeToo'가 아닐까? 유명 연극인, 작가, 시인, 그리고 마침내 차기 대통령이 유력해 보였던 거물 정치인까지 그들이 자행한 '성폭력'으로 몰락했다. 미투란 한 피해 여성이 자신의 피해사실을 폭로하자 다른 피해 여성들이 '나 역시 이렇게 당했다'라는 의미에서 붙인 해시태그를 통해 서로 용기를 북돋은 데서 비롯되었다.

'용기'라는 말을 사용했다. 성폭력 피해 여성이 피해 사실을 폭로하기 위해 용기가 필요하고, 다른 피해자들이 용기를 북돋아 주어야만 한다는 사실만으로도 우리나라의 열악한 여성 인권과 낮은

성의식을 확인할 수 있다. 우리나라는 아직까지도 성폭력이 발생하면 피해자가 부끄러워하거나 손가락질당하고, 오히려 가해자는 떳떳하게 돌아다니는 경우가 많다. 심지어 피해자가 유혹했다, 꼬리쳤다는 식의 적반하장이 통하기까지 한다.

그렇다면 사반세기 전에는 어땠을까? 아마 지금보다 심하면 심했지 덜하지는 않았을 것이다. 바로 그런 시기에 용감한 폭로가 터져 나왔다.

1993년 9월, 서울대학교 대학원생 우○○ 씨가 대자보를 써서 성폭력 피해 사실을 폭로했다. 흔히 '미투 1호'라고 불리는 '신 교수 성희롱 사건'의 시작이다. 이 사건은 당시 '우 조교 성희롱 사건'이라고 불렸는데, 문자 그대로 해석하면 마치 우 조교가 성희롱을 한 것처럼 읽힌다. 이런 식의 작명은 당시 사회가 얼마나 성폭력 피해자에 대해 무감각했는지를 잘 보여 준다.

피해자 우 씨가 폭로한 내용을 정리하면 다음과 같다.

❶ 피해자인 우 씨(이하 우 조교)는 1992년 4월경 화합물분석기의 일종인 핵자기공명분광(이하 NMR) 기기 담당 조교 선발에 응시했다. 담당인 신 교수가 면접 및 기기 조작 테스트를 진행했다.

❷ 합격한 우 조교는 1992년 5월 29일부터 서울대학교 NMR 기기실에 출근해 업무를 수행했고, 8월 10일자로 임기 1년의 NMR 기기

담당 유급 조교로서 정식 임용되었다.

1992년 6월 5일부터 2~3주간 신 교수는 우 조교를 주로 오전 9시부터 10시 사이에 NMR 기기실로 불러서 기기 조작 방법을 교육한다는 구실로 우 조교의 등 뒤에서 포옹하는 듯한 자세로 컴퓨터 자판을 치면서 자신의 가슴을 밀착하고, 우 조교의 어깨나 등에 손을 올려 놓거나 쓰다듬기도 하고, 우 조교가 기기를 작동하고 있을 때 옆에 있다가 교육을 한다는 구실로 우 조교의 팔을 잡기도 하고 의도적으로 신체의 일부분을 우 조교에게 접촉시키는 등의 행위를 20 내지 30차례 자행했다.

이후 신 교수는 복도 등에서 우 조교와 마주칠 때면 의도적으로 우 조교의 등에 손을 대거나 어깨를 잡는 경우가 많았고, 같은 해 8월경에는 실험실에서 "요즘 누가 이렇게 시골 처녀처럼 머리를 땋고 다니느냐"고 말하면서 우 조교의 머리를 만지기도 했다. 우 조교가 정식 임용되었을 때 단둘이서 입방식을 하자고 제의하기도 하고, 비슷한 시기에는 심부름 등 기타 명목으로 수시로 교수 연구실로 불러들여 위아래로 훑어보면서 몸매를 감상하는 듯한 태도를 취해 불쾌하고 곤혹스러운 느낌을 받았다고 한다.

또한 신 교수는 1992년 10월경 자신이 사용하던 의자를 고치러 간다는 명목으로 교내 목공소까지 동행해 줄 것을 요구해 함께 목공소로 가던 중 관악산에는 조용한 산책길이 많은데 점심 먹고 함께 산책을 가자고 하면서 옷차림이 불편하면 자신의 연구실에 청바지랑 운동화를 가져다 놓고 갈아입으면 된다는 취지의 이야기를 했다. 이에 우 조교가 그 자리에서 명확하게 싫다고 거절의 뜻을 표시하자 당황한 듯한 표정을 지었다.

❸ 이때부터 신 교수는 태도가 돌변해 우 조교를 적대적으로 대했으며, 업무상 부당한 간섭과 불리한 조치를 계속하여 정상적인 업무 처리를 방해하고, 이를 핑계로 우 조교에 대한 재임용 추천을 거부하고 해임했다. 이에 따라 우 조교는 1993년 8월 31일 자동 면직되었다.

이 폭로는 서울대학교를 발칵 뒤집었다. 1993년 9월, 학생들이 잇따라 신 교수의 성희롱 진상을 규명하라고 요구하고 신 교수를 규탄하는 대자보를 붙였다. 또한 1994년 5월에는 서울대학교 총학생회가 화학과 조교 성희롱 사건 대책위를 꾸리고 정식으로 신 교수 퇴진운동을 벌였다.

우 조교는 신 교수를 피고1로, 교수에 대한 지휘감독 소홀을 이유로 당시 서울대학교 총장과 대한민국을 피고2, 3으로 하여 도합 5천만 원의 위자료를 청구하는 민사 소송을 걸었다. 이 소송은 민사 재판으로써는 이례적일 정도로 많은 언론의 관심을 받았다.

1994년 5월 1일, 1심에서 우 조교가 승소했다. 이 판결은 일반적인 성폭행, 성추행과 다른 개념인 성희롱을 처음으로 성폭력의 한 범주로 확립했다는 매우 중요한 의의를 지닌다. 판결문을 간단히 살펴보면 다음과 같다.

성희롱의 주체

가해자: 직장 내에서 근로자에 대한 지휘명령권, 인사권, 임용과 해고, 근로조건의 결정 등에 대해 영향력을 가진 자.

피해자: 해당 근로자

성희롱에 해당되는 행위: 피해자의 의사에 반하여 이루어지는 성性과 관련된 언동이나 행위로 상대방이 불쾌감과 성적인 굴욕감을 느끼게 하는 것. 또는 근로자의 직무수행에 부당하게 간섭하고 근로자의 근무환경을 외부적 또는 정신적으로 불쾌하고 열악하게 만들기 위하여 위와 같은 행위를 하거나 위와 같은 행위를 함으로써 그러한 결과를 가져오도록 하는 것.

위법 사항: 이는 헌법과 근로기준법, 남여고용평등법 등에서 보장되고 있는 고용과 근로에 있어서의 성차별금지원칙에 위배되는 위법한 행위임.

재판부는 피고1인 신 교수가 원고 우 조교에게 3천만 원을 지급하라는 판결을 내렸다. 다만 피고2, 3인 서울대학교 총장과 대한

민국은 일개 교수의 은밀한 행위까지 감시 감독하기 어렵다는 점을 들어 원고의 청구를 기각했다.

이 판결이 전국의 남성 직장인들에게 던진 충격은 상당했다. 평소에 아무렇지도 않게 한 행동들이 '성희롱'이라는 위법행위이며, 본인이 어떤 생각으로 했는지가 아니라 상대방이 불쾌감과 굴욕감을 느꼈느냐 여부에 의해 판단되며, 위자료가 3천만 원까지 걸린다는 사실에 놀랐다.

당시 직장 문화는 남성 직원들이 여성 직원들에게 각종 성적 암시, 외모 평가, 음담패설을 일종의 친근감 표시, 유머나 농담으로 생각하고 거침없이 던지는 수준이었다. 직장 상사의 은근한 신체 접촉도 흔했다. 하지만 이 판결 이후 여성들은 농담을 빙자하여 뼈 있게 "3천만 원 있으세요? 그런 식으로 말하게?"라며 쏘아붙일 수 있게 되었다. 그리고 가해자의 의도가 아니라 피해자가 받은 불쾌감과 굴욕감이 성폭력의 기준이라는 '피해자 중심주의'도 처음으로 공식화되었다.

하지만 이듬해 이런 변화에 찬물을 끼얹는 판결이 나왔다. 고등법원에서 진행된 항소심에서 우 조교가 패소한 것이다. 당시 고등법원의 판결은 그야말로 당시 '남성들의 관점'을 반영한 답답한 판결이었다. 판결 내용을 정리하면 다음과 같다.

❶ 성적 행위가 단순한 발언이나 그저 잠깐의 행동에 불과할 경우 이 것이 피해자의 고용상의 지위나 노동조건에 구체적인 불이익을 가져오지 않는 경우에는 위법하지 않다.

❷ 성적 괴롭힘의 위법성 여부를 판단할 때 건전한 품위와 예의를 지닌 일반 평균인의 입장에서 판단해야 하며, 남녀 간의 관계를 투쟁적·대립적 관계로 평가하는 여성주의적 관점만을 표준으로 하는 입장은 배척된다.

❸ 성적 괴롭힘을 원인으로 손해배상을 청구할 때는 피해자가 입은 손해를 주장·입증해야 하는데, 해고나 사직이 보복에 기인한 것임을 입증하거나, 피해자의 업무 수행에 부당히 간섭하고 적대적·굴욕적 근로환경을 조성함으로써 업무 능력이 떨어지거나 정신적 안정에 중대한 영향을 미친 점을 입증해야 한다.

이 판결을 요약하면 남성들은 직장에서 성희롱을 해도 여성들이 그것으로 인한 피해를 구체적으로 입증하지 않는 한 배상하지 않아도 된다는 뜻이다. 여성들의 입장에서는 청천벽력 같은 판결이 아닐 수 없었다.

서울대학교 총학생회를 중심으로 한 공동대책위는 이 판결에 강력히 반발하면서 판결에 대한 찬반을 묻는 설문조사, 재판부에 엽서 보내기 등으로 대응했다. 그리고 학교 측에 반성폭력 학칙

제정과 신 교수의 징계위원회 회부를 요구했다. 학생들은 수강 신청 거부 운동을 벌여 신 교수의 강의를 취소시켰다.

대법원 판결까지는 무려 3년 가까이 걸렸다. 1998년 2월 10일, 대법원은 다시 우 조교의 손을 들어 주었다. 대법원 판결 내용을 정리하면 다음과 같다(대법원 1998. 2. 10. 선고 95다39533 판결).

❶ 원고에 대하여 지휘·감독관계에 있는 피고의 언동은 분명한 성적인 동기와 의도를 가진 것으로, 일상생활에서 허용되는 단순한 농담 또는 호의적이고 권유적인 언동으로 볼 수 없다. 이는 원고로 하여금 성적 굴욕감이나 혐오감을 느끼게 하는 것으로써 원고의 인격권을 침해하였고, 이로써 원고가 정신적으로 고통을 입었음은 경험칙상 명백하다. (즉, 그 피해를 피해자가 구체적으로 입증할 이유가 없다.)

❷ 따라서 피고의 성적인 언동은 불법 행위를 구성하며, 원고가 입은 정신적 손해를 배상할 책임이 있다.

❸ 성희롱의 위법성의 문제는 일반 불법 행위의 한 유형으로 파악하여 행위의 위법성 여부에 따라 불법 행위의 성립 여부를 가리면 족할 뿐이다. 성희롱을 고용관계에 한정하여, 가해자의 성적 언동 자체가 피해자의 고용, 업무 수행 등에 구체적인 피해를 주었음을 입증해야만 손해배상을 청구할 수 있다고 보는 견해는 채택할 수 없다.

이 중 세 번째가 특히 중요하다. 이는 상대방에게 그 의사에 반하여 성적인 굴욕감과 혐오감을 느끼게 하는 언동을 한 것만으로 이미 성희롱이 성립되었고, 그것만으로 손해배상을 청구할 수 있다는 것이다. 그런데 고등법원은 피해자가 고용관계 등과 관련하여 구체적인 피해를 입증해야만 손해배상을 청구할 수 있다고 함으로써 가해자에게 치우친 판결을 했는데, 이는 잘못이라고 못 박은 것이다. 이로써 우리 사회에 '성희롱'이라는 행위가 분명하게 위법으로 성폭력에 관해서는 피해자 중심주의가 확고하게 자리 잡게 되었다.

우 조교의 용기 있는 폭로와 재판은 말이 쉽지 대단히 어렵고 고통스러운 길이었다. 사건 발생일로부터 대법원 판결이 나기까지 무려 6년이라는 시간이 흘렀고, 그동안 여전히 교수 자리를 지킨 가해자 때문에 해당 학계에서 제대로 자리를 잡을 수 없었다. 게다가 1심에서 3천만 원이었던 위자료도 3심을 거치면서 깎이고 깎여 결국 5백만 원으로 줄어들었다.

반면 가해자인 신 교수는 여전히 서울대학교에서 어떤 징계도 받지 않고 자리를 유지했으며, 판결 이후에도 10년을 더 교수로 재직한 뒤 2008년에 퇴직했다. 심지어 신 교수는 자신의 이름을 내걸고 『나는 성희롱 교수인가?』라는 책까지 내는 등 사회적·경제적으로 아무런 타격을 받지 않았음을 대내외에 과시했다. 심지어 나름 진보적이라고 알려졌던 정운찬 전 총리조차 이 사건을 "재계약에서 탈락한 우 조교의 앙심에서 비롯돼 억울한 사람을 매장한 사건이었으며, 당시 우 조교를 지원한 여성운동이 신중하지 못했다"라고 하며 남성 지식인들의 저열한 성의식을 유감없이 드러냈다.

그러나 이 사건을 계기로 우리 사회가 한 단계 성장했음은 분명하다. 이 사건을 계기로 강제성을 띤 성관계(성폭행)나 성적 접촉(성추행)뿐 아니라 사소한 농담이나 친밀감의 표시 등으로 자행되었던 직장 내 성희롱이 여성 노동자의 인권과 노동권을 박탈하는 심각한 범죄라는 사회적 인식이 마련되었다. 그리고 1999년에는 이 사건의 대법원 판결을 계기로 「남녀고용평등법」, 「남녀차별 금지 및 구제에 관한 법률」에 「직장 내 성희롱 예방과 처벌 조항」이 신설되었다.

지금 봇물처럼 터져 나오는 미투 운동이 각계각층에서 권력을 휘두르던 명망가를 무너뜨릴 정도로 힘을 발휘할 수 있는 것도 이 사건을 계기로 '성희롱'과 '피해자 중심주의'가 우리 사회에 자리 잡았기 때문이다. 우 조교와 그녀가 펼친 이 용감한 재판은 대한민국 미투 1호로 영원히 기록될 것이다.

재판을 보면 역사가 보인다

사람이 살아가는 세상은 갈등으로 가득하다. 갈등은 피해야 할 그 무엇이 아니라 사람이 사회를 만들고 살아가는 한 받아들여야 할 조건이다. 이 갈등을 해결하는 과정에서 '인간성'이 빛을 발휘한다.

대부분의 동물은 갈등을 오직 두 가지 방법으로 해결한다. 하나는 회피이며, 다른 하나는 투쟁이다. 그러나 오직 사람만이 갈등을 해결하고 조정하는 다양한 제도와 문화를 만들어 전승해 왔다. 심지어 전쟁조차도 나름의 규칙과 관습, 국제법과 같은 규범에 따라 이루어진다. 피차 죽고 죽이는 전쟁임에도 이 규범을 위반하면 '전사'가 아니라 '전범'으로 전락한다.

그런 점에서 재판은 인간 문명의 정수라고 할 수 있다. 당장 보복하고 싶은 감정을 억누르고 오직 논리적인 변론, 즉 말로써 갈등을 해결하고 승패를 가리는 절차이기 때문이다. 이때 그 변론의 근거가 성문법인지, 관습인지, 혹은 청중을 현혹시키는 변론술인지는 중요하지 않다. 중요한 것은 실제의 싸움을 말로 옮겨 온다는 것이다.

조선시대의 각종 옥사나 환국은 매우 참혹한 결과를 가져왔다. 하지만 이 경우에도 고대의 폭군처럼 왕이 마음 내키는 대로 사람을 죽이는 것이 아니라 재판이라는 과정을 거쳐서 죽여야 하는 이유를 만들어 다른 신하들을 설득하려 했음에 주목하자.

그 사회의 갈등을 어떤 방법으로 해결하고 조정했는가는 그 사회의 문명화 정도의 척도라 할 만하다. 그런 점에서 각 시대, 각 나라의 다양한 재판 사례를 살펴본 이 책을 인류 문명에 대한 작은 찬사로 이성의 제단에 바친다.

참고문헌

『나는 고발한다』, 에밀 졸라, 유기환 옮김, 책세상, 2005

『나는 노비로소이다』, 임상혁, 너머북스, 2010

『만들어진 간첩』, 김학민, 서해문집, 2017

『미국을 발칵 뒤집은 판결 31』, 레너드 케스터·정시몬 옮김, 현암사, 2012

『사기 본기』, 사마천, 김원중 옮김, 민음사, 2015

『사기 열전』, 사마천, 김원중 옮김, 민음사, 2015

『설득의 정치』, 마르쿠스 툴리우스 키케로, 김남우 옮김, 민음사, 2015

『세계를 발칵 뒤집은 판결 31』, 레너드 케스터·정시몬 옮김, 현암사, 2014

『세상을 바꾼 법정』, 마이클 리프·미첼 콜드웰, 금태섭 옮김, 궁리, 2006

『자치통감』 사마광, 권종 옮김, 푸른역사, 2002

『플루타르코스 영웅전』, 플루타르코스, 천병희 옮김, 숲, 2010

대법원 판결문(대법원 1998. 2. 10. 선고 95다39533 판결)

「'최초 미투' 우 조교의 고통과 눈물, 25년 지나도 그대로」, 노컷뉴스(2018. 03. 07.)
http://www.nocutnews.co.kr/news/4934788
「고문 시비 속 중형 구형—부산 유괴 살인 사건」, 중앙일보(1995. 01. 25.) https://news.joins.com/article/3006947

조선왕조실록 http://sillok.history.go.kr/main/main.do
한국민족문화대백과사전 http://encykorea.aks.ac.kr/Contents/Index?contents_id=E0073652

길고 짧은 건 대 봐야 아는 법

ⓒ 권재원, 2019

초판 1쇄 발행 2019년 1월 28일
초판 3쇄 발행 2021년 12월 30일

지은이 권재원

펴낸이 김혜선   **펴낸곳** 서유재   **등록** 제2015-000217호

주소 (우)04034 서울 마포구 잔다리로7길 18(서교동 377-20) 504호

전화 070-5135-1866   **팩스** 0505-116-1866

대표메일 outdoorlamp@hanmail.net

종이 엔페이퍼   **인쇄** 성광인쇄

ISBN 979-11-89034-10-8 43900

이 도서는 한국출판문화산업진흥원의 출판콘텐츠 창작 자금 지원 사업의 일환으로
국민체육진흥기금을 지원받아 제작되었습니다.